When me was a boy

When me was a
boy

CHARLES HYATT

University of the West Indies Press
Jamaica • Barbados • Trinidad and Tobago

University of the West Indies Press
7A Gibraltar Hall Road   Mona
Kingston 7   Jamaica
www.uwipress.com

11 10 09 08 07   5 4 3 2 1

ISBN 978-976-640-202-0

Previously published: Institute of Jamaica
Publications, 1989.

A catalogue record of this book is available
from the National Library of Jamaica.

Illustrations: George Hay.
Illustrations courtesy of Alexander Cooper.
Cover design: Robert Harris.

Printed in the United States of America

For the children

Contents

1   A LITTLE MISCHIEF

2   A SINGING GIG

3   BATTLIN' JOHNNY AND
OTHER CHARACTERS

4 THE LAST TRAM RIDE

Foreword to the 1989 Edition

Trevor Rhone

Here Comes Charlie, a five-minute radio programme written and performed by Charles Hyatt in the early 1960s, was not to be missed. It was classic radio and vintage Charlie. It is our loss that many of these precious tapes have been erased, irretrievably lost.

When Me Was a Boy, first heard on radio, delighted and thrilled audiences young and old. I am pleased that this series has now been published. In this form it will reach a larger audience and, most importantly, it will be indelibly recorded.

Charlie, the master storyteller leads us into the time of his childhood, a time when anywhere above Cross Roads was out of town, when Hope Pastures was really that – pastures, pure mango tree and tall grass; when Hope Gardens was, in his imagination, the Garden of Eden; when Bournemouth Club in all its glory was set in some beautifully laid-out gardens with majestic century palms and flourishing almond and sea-grape trees competing with the most glorious blooms of bougainvillea and lignum vitae. A time when the Black Heart Man drove fear into the hearts of children; when the tram car was king of the road; when the Gig and the Taa, and the Ironie were required possessions for every young boy.

Charlie records it all with an uncanny sense of total recall. Not only does he record it in minute detail, the images are all in living colour, and all the senses are there – touch, taste, smell. It is as if we are transported there. We re-live his pains and his joys. He paints signposts to changes in our lives.

"The Last Tram Ride" I found telling and sad. His excursions into the country are really very funny, and when he describes the night and says, "it dark, it dark, it dark, it dark so till . . .", he is right on target. As a country boy, I can bear witness to the pitch black of a moonless night in the country. If the Black Heart Man had such a reputation in town, can you imagine the fears he evoked in the country?

While reading "Emancipation Day", I paused to observe my children, and I wondered what their memories of childhood would be – family, love, Kingston, Wolmer's, computer games, TV, minibus horrors, pizza, the theatre, JLP, PNP, Trinidad. Will they, like Charlie, remember someone like Ma Milly, who helped them be proud of their blackness and toward a greater understanding of self? I hoped so.

When Me Was a Boy is a more than welcome addition to our libraries, it is great entertainment. But more than that, it is a Discovery Channel to our past.

Introduction

Patrick Bryan

All historical epochs have their particular interests, nuances, aspirations and, to a large extent, their own characteristics, despite continuities and overlaps with the past and the future. Charles Hyatt's *When Me Was a Boy* covers an epoch strictly defined by the time of his birth and the period of his childhood in Jamaica from the 1930s to about 1945. Born in the immediate pre–World War II generation, he would have witnessed, as a boy, the upheavals of the 1930s, universal adult suffrage, the emergence of the modern political and trade union system, and World War II. But this is not a book about international or national politics. For example, he touches once only upon the figures of Alexander Bustamante and Norman Manley, at the historical moment that the latter had succeeded in securing the former's release from detention. Two things stand out. Bustamante is without a shirt. The crowd is singing and dancing in the street and their general exuberance and merriment demonstrate not so much the historical importance of the moment as Hyatt's passion for theatre.

The book is in fact a pleasant diversion from ponderous analyses of the national and inter-national political events of the period. It is an individual account of personal experiences by a sensitive, mischievous, observant boy born in Kingston. The seventy-four portraits of life in Jamaica amount to a partial recording of the small urban society of Kingston in which Hyatt lived, and which continued to have considerable vitality long after Hyatt saw, sadly and nostalgically, the last tramcar disappear down Orange Street. It is the story of the "eternal" Jamaica that remained unmoved, if not untouched, by what historians and social scientists might regard as the "matters of moment". The book is a useful fragment of Jamaican social history which, more than any other aspect of history, demonstrates how important the long shadows of the past are in shaping the minutiae of our daily lives, and our *mentalité.*

Anyone who has been exposed to Hyatt for five minutes will expect irony, humour and a mockery of solemnity. Thus the book is hilarious in parts, and it makes excellent reading. Humour is always at someone else's expense, and often comes so close to the tragic. Hyatt clearly has the capacity to laugh at himself and equally values humour in others. Hyatt, in the tradition of the classical humorist, has the knack, partly but not always through caricature, of identifying those issues that are important to people. Naturally, it is a child's interpretation of the epoch, but a child who obviously had an instinct for theatre.

A book has value, of course, if it can entertain. But its value increases in proportion to the education it can bring. The education that Hyatt provides is linked to the changing physical structure of the Kingston Metropolitan Area. In Hyatt's childhood, and indeed right up to the mid-1950s, at least, Kingston's centre of gravity was King Street, Jamaica's major shopping area. The true urbanization of Kingston had only begun in the 1920s, and Jamaica, in Hyatt's youth, was still fundamentally a rural rather than an urban community. Even the inhabitants of the city reared goats, pigs and rabbits, like any rural small farmer. The international postwar boom was a signal influence in reshaping the Kingston of Charles Hyatt's childhood into a crowded, densely populated city, attracting more and more people from the depressed countryside.

Yet Kingston was, even then, the cultural and entertainment capital of the island. In the 1930s and early 1940s leisure and entertainment continued to have the same kind of orientation as they did in the late nineteenth century. As Hyatt, reports "goin' for a walk is something everybody a Kingston use to do. A special treat is when yuh go fi a tram ride but walkin' was the thing . . . People use to dress in them Sunday bes' fi go fi a walk." Entertainment, from reading to sewing, piano playing and gramophones and singing, was often centred in the home. Draughts were a popular game, including in barbershops. (Surprisingly, there is no mention of dominoes.) Hope Gardens was a popular rendezvous. Spectator sports were boxing, and cycle-racing at the Kingston Race Course. There were Slim and Slam, and a world of jazz, saxophones, violins, clarinets and soloists. The Bournemouth Club, off the Windward Road, provided amenities for swimming and scrimmage, an open-air cinema, and a restaurant and bar.

We receive glimpses of the world of health, including the methods employed by ordinary citizens to mend or maintain their health, and the overcrowded and poorly ventilated housing units of the relatively poor in Kingston and in the countryside. Conditions of poverty never attract criticism from the author, though he is acutely aware of the physical and even the olfactory discomfort of overcrowded housing conditions.

The book touches on the migration to Panama and Cuba by Jamaicans anxious to improve their quality of life. Hyatt's grandfather, recalled by the boy as miserly and ill tempered, had been to Cuba and to Panama as a worker in the construction of the Panama Canal. Simultaneously a plumber, mason, bricklayer and carpenter, his was actually a typical profile of so many migrants who had been artisans in Jamaica, or advertised themselves as artisans when they travelled. In vivid detail he demonstrates the relationships with parents and grandparents; relationships between girls and boys; and the role of the church and religion in daily life. Hyatt's paternal grandmother was an ardent Baptist who occasionally "catches the spirit".

Most contemporary Jamaicans are under twenty years old, and would not be aware of the fear that dentists once provoked in the young. Hyatt's exposure to the dentist shows a marked improvement over the late-nineteenth-century situation, however, when blacksmiths sometimes doubled as "dentists". Modern dental technology has removed definitively one of the major terrors of childhood, thanks to the dental school at Howard University. The fear of the dentist was second only to the Black

Heart Man. In my own part of the country the Black Heart Man (and I was never sure if it was Black Heart Man or Black Arts Man) drove a closed van with doors locking at the back. The Black Heart Man specialized in tearing out the guts of little children. The fear of the Black Heart Man was very real, as Hyatt demonstrates.

The question that keeps arising as we read these sketches is, What makes Hyatt's boyhood existence different from ours? One thing stands out above all the others – the tremendous changes in technology since then. He describes an age before widespread electricity or telephones, a world with few radios, no television sets, limited refrigeration, a world of stained, wooden rather than tiled floors, the world of the tramcar and few motor cars, and dusty streets in Kingston lit by gas lamps. The hand pumped the barber's clipper, Hyatt's dentist used a rocking chair. It is a slower world, circumscribed in its activity, and by no means innocent. But there is also, only too obviously, a stronger sense of community. It is well known that Jamaicans had a concept of family beyond the immediate nuclear family. Hyatt as a boy had a nomadic existence, living alternately with parents or grandparents, or an aunt, and even moving as a consequence, from school to school. At Christmas, "there was always somebody, be it kertisy cousin, real cousin or frien' that use to be with us at Christmas time".

Children were subject to an authoritarian upbringing. Hyatt's experiences are not unique. He singles out his father and grandfather for authoritarianism. Children were not unloved, but they were firmly dealt with at school and at home.

At school, a whip or cane had as much legitimacy as chalk and a blackboard. Parents were similarly equipped. The authoritarian home complemented the authoritarian school, and Hyatt's essays do show significant authority exercised by both male and female leaders of the household. The authority was clearly accepted as legitimate. This latter point may just raise the question of the extent to which in contemporary Jamaica the exercise of authority is weakened by a growing reluctance to see it as legitimate. But the obscene behaviour of sections of a crowd at the funeral of, to all appearances, an extremely conscientious police officer, is a manifestation of negative attitudes to authority of Jamaicans long before independence.

It is difficult to tell whether the obsession with food is a function of Charles Hyatt's own gastronomical passions or of the society in which he lived. It may be a combination of both. He almost completely consumed the apple with which he posed in the photo studio before the photographer emerged from under his black-draped camera. For those interested in the dietary patterns of Jamaicans in the 1930s and 1940s, the book offers a fairly wide range of experience. The piece "The Herbalist in the Market" not only tells us about the central economic and social role of the market but about the uses of coconut oil, about the "Indian lady" selling greens in the market, reminding us incidentally of the role of Indians in vegetable gardening in Kingston. Rice, flour, green bananas, callaloo, ackee and salt-fish were all-important parts of the diet of Jamaicans. Wartime shortages of rice converted the green banana into "Long-Grain Rice".

Eating was sometimes a competitive spectator sport. To illustrate this, Hyatt records the heroic eating feats of Johnny, the Boxer: "Kerosene tin upon kerosene tin a food, yam, banana, dumpling, rice, corn, pork, wash, fish-tea, roast breadfruit, down to cornmeal porridge . . . Long after him challenger give up Johnny still a eat." In rural Jamaica, here is Hyatt's major recollection of Catadupa:

> The "bun pan" put awn pon fire an two twos haffo yam, toyah yam an' "grow-grow" potato root up an banana cut an the greates' dumpling yuh ever see in yuh life drop inna the bun pan along wid the meat kine which was creng-creng – smoke tripe to yuh. By the time the bun pan – tha's the ten gallon kerosene tin – come off the fire, a big goudy bevrage wid sibble orange an cold spring water mix. Then the banana leaf spread an the food share out pon it an them cut some piece a tree limb wid them "wompora", a kine a machete, an sharpen the end so you can juk the food like fork wid an yuh start the meal wid the pot water that leave in the bun pan. Them call that the benefit . . . In that company, at that feast, I learn that country life could be sweet an this is one person who never miss Kingston that day when me was a boy.

Sunday meals were, as expected, special. Sunday breakfast had chocolate (instead of bush tea), fresh bread, fried ripe or roasted green plantain with callaloo and salt-fish or liver or lights with boiled green banana. Dinner was bigger still with "Stew beef, stew pork or stew chicken – them days everything did stew – with of course rice an peas an lettice with oxheart tomato, boil beetroot an string bean. That was down with new sugar and sibble orange bevrage." Sunday was homemade ice cream, with the whole family participating in cranking the ice-cream bucket. The ice cream was consumed with cornmeal or potato pudding.

Jamaica celebrated festivals such as Christmas, Empire Day, and August 1. These festivals have always brought out the unique mixture of culture that is essentially Jamaican creole. Christmas was always the most gaudy, universal and most keenly celebrated festival. "Them time nuh care how the family poor if is even chicken outa the coop, it goin' get roas' an put pon the table, an come Christmus Day between one an three o'clock carvin' tek place." Hyatt's Christmases saw the same frenzy of shopping, cleaning and polishing for the season and the preparation of ham and puddings.

August 1, Emancipation Day, was also widely celebrated. Emancipation Day became a holiday at some point in the 1890s, though the freed slaves and their descendants had tended to celebrate the day in their own way even before it had become a public holiday. As Robert Love, editor of the *Jamaica Advocate*, once said, August 1 always had "tender associations for the people". Hyatt's great grandmother was a slave and his grandmother Milly had been born during slavery. The "tender associations" are evident in Milly's activities on Emancipation Day. Milly was a Baptist who respected Easter and Christmas, but August 1 was "definitely her day of prayer". Milly took her grandchildren to church first thing on the morning of August 1, organized a good meal and an outing of some kind to either Hope Gardens or Race Course or Edelweiss Park. She made a point of attending Marcus Garvey's meetings on August 1. Grandmother Milly taught her grandson to "be proud of our blackness" and "I know now that it was Ma Milly who emancipated my mind by exposin' me to Firs' a August from when me was a boy".

Empire Day, celebrating the British Empire in May of each year (now Labour Day) or the King's/Queen's Birthday, sometime in June, are not mentioned in Hyatt's book, but the coronation of King George VI in 1936 is. The celebration of monarchy and empire, essential to ensure the loyalty of the "subject" people, was fundamentally contradictory to nationalism, and even one might say to what Hyatt calls "pride in blackness". But this is not necessarily how Jamaicans viewed the institution of monarchy, because underlying the celebration of monarchy was the perception that the British monarchy was the benign instrument of God in freeing the slaves between 1834 and 1838. The children were well prepared for the song "Rule Britannia . . . / Britons never, never, never, shall be slaves" without detecting the irony. So Coronation Day came, and the city, thoroughly cleaned, burst with Union Jacks, the king's visage stamped on every movable object – mugs, pencils, exercise books. The city was dressed in bunting. The children fêted with buns, lemonade and sweets dutifully waved flags and witnessed fireworks. "If only the King and Queen coulda siddung back pon that t'rone again nex' week ah would gladly get another bellyache was the thought that went to bed with me on Coronation Day when me was a boy." Hyatt was perhaps not to be disappointed. There was another coronation in 1953 (Elizabeth II), and the tercentenary celebration of British rule in

Jamaica in 1955, exactly seven years before political independence.

That which is inescapable in these sketches, however, is the steady but powerful cultural influence of the United States, facilitated by proximity, by the flow of Jamaicans to New York in particular, by the existence of the Vernamfield air base in Clarendon and, above all, by the American movies. Movie houses such as Carib had just come into existence, and so did The Movies in Cross Roads, the favourite hangout of the young lads. Since movies were central to entertainment outside the home, cowboys and Indians, with the Indians getting the worst of it, became central to the understanding of the world through US movies. US fashions, particularly at the beach, revolutionized conservative one-piece beachwear. Reading, declares Hyatt, was a natural thing for children. But what was young Hyatt reading? *Superman, Batman and Robin, Flash, Submariner, Hawkman, Wonder Woman, Archie, Jughead,* and *Mutt and Jeff,* those icons of North American influence in a European colony.

The social history of Kingston cannot be fully understood without including the relatively small Chinese population, whose contribution to the grocery-retail trade and whose volume of business belied their small numbers. By the time of Hyatt's birth, the Chinese population, which had initially fanned out into the Jamaican countryside, had become predominantly an urban (Kingston and St Andrew) population. Although a few Chinese had entered the island as indentured workers on sugar estates between the middle of the nineteenth century and the end of the century, the majority had entered the island during the twentieth century as businesspeople – shopkeepers, soft-drink manufacturers and bakers. The reception received by the Chinese, whose businesses and gambling activities kept them physically close to the urban working class, was marked by hostility, erupting in 1918 in the first wave of anti-Chinese riots. But the persecution reserved for the Chinese by big businesspeople and small-time hustlers alike (sometimes grouped in such organizations as the Native Defenders' Committee in the 1930s) never meant a serious fall in the support given to Chinese businesses by the urban poor and middle classes. Hyatt's declaration that the Chinese shop "was the backbone of existence of every Kingstonian house" is not exaggerated. When Hyatt declared hyperbolically that "Me did think that yuh didn' haffi have money fi get anything from Chiney Shop", he was referring accurately to the elaborate credit arrangement offered by Chinese shopkeepers. Credit and "brawta" kept up black patronage of the Chinese shops.

This tidy little book, then, offers an insight into social life in Jamaica over fifty years ago. It is written in Jamaican creole, Hyatt style. It is a boy's vision recaptured several years later and written with good humour. It can only be a fragment of Jamaican social history, of course, since it can only address the experiences of one person, his family and associates. It would be major service to social historians if more Jamaicans do what Charles Hyatt has done.

1   A Little Mischief

Tramcar

WHEN ME WAS A BOY – LIKKLE BOY – tramcar use to run. Tramcar was the cheapest most reliable and most popular means of public transport. Tramcar was to Kingston what a s'ppose steam train was to country. Nobody doan fool 'round wid tramcar, yuh move outa the way when it comin'. Y'see, like the train, the tramcar run pon a line so it cyaan shif' to the lef' or right. Is

'Public Service' use to run tramcar so it did run pon electricity. Night time it use to look good y'see. Dem time all the street light was gas lamp, so when yuh see a tramcar a come from far, bright bright inna the dark, it look like one a them touris' boat. Full a light. Up to now me nuh si nuh bus, mini, Jolly nor Country, that can carry as much people and baggage as them tramcar.

The most fascinatin' thing 'bout the tram was the way it did versatile. Monday to Friday it loaded with office worker and school children, Saturday is market people and basket and Sunday is pure dress up Sunday-go-to-meetin'.

Ah think dem did have 'bout nine different route. . . Rockfort Gardens, that was the Number 2 with the destination sign paint white with green letterin'; then yuh have Henriques Switch, dark grey and white sign with black and white letterin'; South Camp Road, brown sign with white letterin'; Hope Gardens, blue sign with white letterin'; Constant Spring, red sign with white letterin'; Matilda's Corner, white and black letterin'; East Street, green and black letterin' and Avenue with the yellow signwith the black letterin'. How much that? . . . Rockfort, Henriques Switch, South Camp . . .

Anyway, yuh see when Sunday come, between the Avenue and the Hope Gardens tram when yuh dress up inna yuh Sunday school clothes and yuh have a thruppence inna yuh pocket an yuh go fe a tram ride? Nutt'n nicer!

Now when me was a boy – likkle boy in town – there was a kind of understandin' that if yuh want to be accepted as a yout' man out deh. . . if yuh want prove sey yuh broad, yuh have to hop on to a tram when it likkin' nine!

Well y'see me, I chose to prove myself in front of a likkle girl I met in Hope Gardens one Sunday. The trouble is that the tram did full from up at the terminus in Papine and had no intention of stoppin' for the Hope Gate crowd. By the time I realised that, I was already committed to hoppin' on. To cut a long story short, showing off to the likkle girl lost its priority when ah was pickin' m'self up off the roadside. I was more concerned with how I was going to explain to my mother and father what caused my good clothes to get so dirty an my elbow and knees to bruise up so, while the Tramcar disappeared down Hope Road at nine knots an hour.

Yes, the tramcar was the boss them days when me was a boy.

My Bed-Wetting Dream

Wᴇʜᴇɴ ᴍᴇ ᴡᴀꜱ ᴀ ʙᴏʏ – ʟɪᴋᴋʟᴇ ʙᴏʏ – me did use to think that when I gone to bed an drop asleep an start dream if anybody look inna the bed them wouldn' see mi for ah woulda gone through the bed down into mi dream. Y'see I did figga that yuh go 'down' into yuh dream because ah hear big people seh that yuh dream when yuh in yuh 'deep' sleep, an yuh lay 'down' to sleep an when yuh finish yuh wake 'up'. So it did stan' to reason – my reason – that yuh go down inna yuh dream an yuh come up outa it.

What use to mek mi fret is if Mama come inna my room while I gone down inna my dream if she woulda know wey fi fine mi.

My punishment them days when ah misbehave was to wash mi up an put mi to bed nuh matter what time a day. Jus fi spite them, mi use to shut mi eye tight tight as soon as them put mi in the bed so that ah go sleep quick quick an start dream so that them cyaan fine mi. So me use to get my revenge.

My dream them was real, jus like life an everything was in colour too. That was why when mi have a nightmare it did so frightenin'. Mi use to know that it was a nightmare an ah woulda try climb outa it quick an get back up pon top ah mi bed. When the nightmare stoppin' mi from do that, then is when the panic start.

The other thing was when yuh go to sleep an start to dream an dream that yuh go to sleep an start to dream. Now that is problems for it mean that yuh not only jus gone through the bed into the firs' dream but yuh gone into another dream under that one. So suppose yuh lose yuh way when yuh comin' back, yuh'll be walkin' around in dreamland forever.

Something like that nearly happen to me one time. Y'see I did have a problem. Ah use to wet the bed. I doan know how it use to happen. All me know is that ah wake up nex' day, or jus wake up, an fine the bed wet. Knowin' how I feel when I'm awake an want to do that, I jus couldn' understan' how it could happen when ah sleepin' an ah doan know. Ah use to set fi it a night time but it always ketch mi. Ah always drop asleep before it happen.

One night fi the firs' time a funny thing tek place. Ah was dreamin' an in the dream ah feel like ah want to wee. So ah do the usual thing, ah go roun the corner a the house by some aralia bush where nobody could see mi an ah do mi ting. Y'see them did teach mi that that an other things yuh do in private. When ah was doin' it, it did feel strange. Not like how it normally feel. It did feel warm an wet on me. Ah couldn' understan' it but it did feel good. To my surprise, likkle after, when ah come outa the dream nuh wet ah wet the bed.

Ah shame now because ah realise that is ketch ah get ketch inna the dream. So ah decide fi set out fi it nex' time. Well this time ah was dreamin' that ah was dreamin' an in the second dream it come down pon mi. Me hurry up an get outa the dream an get up an use the chimmy. But guess what? Ah was still dreamin'. When ah feel the warm wet thing pon mi ah panic an try wake up but ah couldn' mek it. Nex' mornin' the bed was wet.

Well yuh see me. From that night any time I dreamin' a dream that I want to wee ah sey, 'No sah'. An yuh know, ah never wet the bed again from that night when me was a boy.

A Little Mischief

WHEN ME WAS A BOY – LIKKLE BOY – me wasn' rude. Not the kine a rude that me hear big people talk 'bout. No, me wasn' rude them way. For me did love my mother an father so when them tell me that so-an-so musn't be done me try nuh dweet fi fi them sake.

That don't sey me never get nuff beat'n. At home an at school. Yuh see, my trouble was the same thing that did kill Miss Barnes' puss. . . fass! If is egg, me want to be in the red. An that did get me inna trouble plenty time. Another ting was me could hardly resis' a dare. If only somebody sey, 'Sey fe', yuh know Charley goin' be in trouble for him boun' fi sey 'fe'. Me did fool, sah.

An yet me did tink me smaat y'know. Smaat cyaan done, yet still I coulda never figure out how the teacher them in school coulda always know when somebody have 'asham' in the classroom even when them back did turn. Is not till me big big me realise that no matter which part yuh have 'asham' as soon as yuh open it yuh can smell it a mile away.

Mi Granny dem did teach mi a thing 'bout, 'Show me yuh company an ah tell yuh who yuh are'. Well me doan know what people coulda tell 'bout me for me did have all kine a company. As long as yuh coulda laugh, me an you is company. Ah person wey cyaan laugh me fraid a them. But laugh use to get mi inna trouble too.

One time when ah was goin' a Windward Road School, them did have a sweetie factory between the school an Mountain View Avenue corner. Every lunch time wi use to mek up an sen go buy all quattie (three cent) wut a the spwile sweetie. Mint ball or Paradise plum or sometime jus a big hunk a the bwile sweetie wey leave over an cool an get hard like stone. Well this day is the big piece a rock sweetie wi get. Now nuh care how yuh craven, the few a yuh who mek up an buy the sweetie cyaan eat it aff. Yuh clide long before yuh belly full, so yuh might as well be kine hearted wid it an bruck it up so that who beg can get.

Well m'dear sah, the person who did go buy the sweetie stay so long that school call before them come back. When roll call, we answer him 'present' an sey that him in the toilet. When him come him pass the parcel wid the hunk a sweetie to one a the big boy them at the back a the class an him was to bruk it up on the quiet an sen up the pieces to all the hands that everybody who was in on the sweetie scufflin' had behind them waitin'.

Now one a my frien', who was very bright an was a teacher's pet, was waitin' pon fi him piece wit' a innocent look pon him face like him payin' attention to nutt'n else but him lesson. A nice size piece a sweetie reach him han' an him palm it an as soon as teacher turn roun fi write something pon the blackboard him quick time slam the piece a sweetie inna him mout'. One devil of a noise. Him mout' did sorta big wid plenty lip. Teacher swing roun. Everybody on them bes' behaviour.

When she turn roun back to the blackboard ah notice my frien' face mek up. Him open him mout' an the piece a sweetie drop out inna him han' with a long transparent rope of saliva an a bee slidin' down it like a fireman on a call. Me couldn' help it. Me bus out a laugh, an teacher beat me.

Boy sometimes laughter use to bring tears to me eye when me was a boy.

My Christmus Letter

W<small>HEN ME WAS A BOY</small> – <small>LIKKLE BOY</small> – me did fraidy-fraidy but nobody never did know because more than the fraid ah fraid ah did easy fi shame. So before anybody fine out ah fraid ah woulda pose-show-great fi hide it. Yuh si, big people use to tek pleasure in frightenin' the daylight outa we children. When is not them 'Goin' sen' fi the Black Maria fi come carry yuh wey', is 'The boogoman goin' get yuh if yuh doan behave y'self'. Now from what me see the outside a the Black Maria look like, me didn' have no intention fi see the inside a it, an although ah didn' know how the 'boogoman' stay, the name alone is enough fi mek me behave like a saint.

Even sometimes when them tryin' fi mek mi feel happy mi use to feel fraid. Like when them sey that if yuh put yuh milk teet' under the pillow when it shake an drop out, the good fairy wi come tek it an leave a sixpence in the night. Me not puttin' my teet' under no pillow. Me fling it wey. Mek the good fairy go fine it somewey else. Me prefer fi lose the money than nuh duppy come an raise up my pillow while my head still deh pon it.

One a my greatest fear was Santa Claus. Any man that can fly through the air wid a whole heap a reindeer an come inna my house a night when it lock up an have a big bag pon him shoulder, nuh natural. An if it nuh natural, me an it cyaan 'gree. When everybody a try wait up fi Santa me mek sure that me gone a my bed. Me don't want to see him. The firs' time that I can 'memba that Santa bring a stockin' full a things fe mi, if him did ever know how I did fraid when I wake up nex' mornin an seet.

But the one that was top on my fraid list was the Black Heart Man – me use to have nightmare 'bout him. Him did horrible. Him wi tek yuh wey an tear out yuh heart an eat it. Well, one time when all a wi was gettin wi letter dem off to the Nort' Pole to Santa askin' fe the

things we want fe Christmus, me an some a my frien'
go out to post our letters – mi Aunt Whitty did live at
the corner of Fleet Street an Laws Street, jus 'cross
from East Branch Catholic School, an them did have a
pretty little red box pon High Holborn Street by Laws
Street in front of the Church of God church a the
corner.

Well mi dear sah, jus as wi near fi reach the letter
box wi see a man have awn black clothes – shirt an
jacket an pants – grab up a little girl an have her under
him arm an a walk wey up High Holborn Street an she
kickin' an bawlin' fe blue murder wid the whole a har
baggie outa door.

Somebody in the group go mention Black Heart
Man! That was it! The whole a wi tek off in every which
direction. I run that mornin go a my auntie faster than
ah ever run before inna my life an maybe since. All
thought an memory of letter to Santa gone outa mi
head.

Ah always wonder if Santa Claus did ever wonder
why him never did get nuh letter from mi fi that
Christmus when me was a boy.

Jointing The Cane

WHEN ME WAS A BOY – LIKKLE BOY – goin' to school, yuh use to keep all kine a frien', good boy, bad boy, bright boy an dunce. Children did 'ave a different code of value when it come to who should be yuh frien'. Who teacher an parent call bad boy might one day do something very good as far as yuh are concerned. Like tell a lie that save yuh from get the cane. Then on the other han' the good boy might do jus the opposite. The bright boy might give up a early mornin game a marble dat him was winnin' to help yuh wid yuh homework, an the dunce might be willin' to pay yuh money fi write him composition fi him. All wi did care 'bout is who yuh spirit tek or doan tek.

Wit' the girls it was opposite. Yuh couldn' stan' such-an-such a girl because she did too. . . an then before yuh know it yuh an she is bosum frien' an them other boy a tease yuh.

Now whey teacher is concerned yuh have only two kine. Those that beat wit' strap an those that use the cane. One thing was sure, all teacher beat. It probably was part of the method of teachin' yuh a lesson, one way or the other. A teacher without a strap or cane inna them han' did look naked. Like a cowboy in the wild west without him gun.

Corporal punishment was law in school. Six of the best in yuh han' fi boy or girl, or the ultimate. A stretchin'. Nobody want a stretchin', not even the so-call bad boy. It did too cruel an humiliatin'. Four big boy hol' yuh han' an foot an stretch yuh 'cross a desk while the head teacher deliver twelve strokes of the cane 'cross yuh back an bottom. Nuh care 'ow yuh wriggle an nuh care 'ow yuh bawl, yuh cyaan get wey an is twelve yuh goin' get. Is bad enough when it happen inna the head teacher office or somewhere where nobody not watchin' but when is in the front a the class or the whole school is something else. That time everybody feel it.

Whether yuh t'ink dem deserve it or not.

Them sey that the female of the species is more deadly than the male. Well, I learn 'bout that in school long before I ever hear the sayin'. A boy was suppose to get a stretchin' fi someting so him wouldn' come a school. Him scull school fi 'bout three day straight. Message reach him dat if him doan come to school him goin' to get expel. Well nex' mornin him turn up. After prayers them decide to administer the punishment in front a the whole school. Well, the most amazin' thing tek place. Every lick them lick the boy, piece a the cane fly off. Them change cane an the same thing happen. By the time him get him twelve strokes the school was short 'bout four or five cane.

What wi fine out later was that him girl frien' did tek a razor blade an joint almost all the cane she coulda fine. Him get twelve but she nearly get expel.

Yes, punishment did tough in school when me was a boy.

A Friendly Fight

WHEN ME WAS A BOY – LIKKLE BOY – yuh always use to want to keep frien' with them bigga one at school, boy an girl, but through yuh likkle yuh haffi come wid something extra special fi get them fi pay yuh any mine.

Like one likkle boy me did know who did almos' convince everybody that fi him father radio at home coulda pick up our firs' Jamaican radio station, ZQI, in Spanish. What ah know him did manage fi do was cause a fight between two a the bigges' boys in school. One did believe him an the other one tell him that him was a eediot fi believe that. Argument get heated an jus before lunch time up, pushin' really start come to shovin' an as the firs' tump was on the way the bell ring. Well a fight dat get that kine a interruption is only pos'pone till after school.

Me did really figet all 'bout fight by the time let out time come, an as far as me was concern if them never fight so much the better, for me know the two a them to be frien', so when me hear the commotion an reach outside an si the two a them knot up an a roll inna the dirt an the crowd gather roun them, me frighten. One a my Granny lesson was 'Cockroach doan bisnis inna fowl fight', but that doan sey that ah couldn' watch.

Mi dear sah, all of a sudden a teacher arrive pon the scene with cane flyin lef' an right. When she reach the middle a the crowd an fire two lick pon the two boy them the fight part same time. Fightin' pon school premises was a offence that could earn yuh a stretchin' so it didn' tek much tellin' from the teacher fi everybody vacate the school yard in a hurry whether yuh was onlooker or participant.

Outa street now me wid my faasness gone to one a the boy them who was fightin' with the intention fi tell him that the fightin' was foolishness – meanin' that it didn' call fah – only to fine out, to my surprise, that him misunderstan' me an, in agreein' wid mi, promise that when it start again likkle further up the road ah goin' to see a real fight.

By this time the crowd get divided into two groups an before yuh know it 'Grun Apple' – so wi use to call stone – start fly from one group to the other. Is deh so me goin' part company wid everybody for me not into the stone flingin' outa street. That call fi bus head an blood-up shirt an hospital an stitchin' an people gone tell yuh mother that yuh a fight a street an that's murderation when me reach home. No sah.

So me head fi the neares' neutral shelter, a higgler shop. Fi hide the reason why ah come inna the shop ah buy a grater cake from the lady who was jus puttin' some nice warm one that jus drop inna the glass case. I come outa the shop to fine that the boy that I was talkin to an part a the crowd gone way up the street an the other boy an fi him followin' was near the shop. Suddenly the words, 'Si one a dem deh,' reach me an ah was surrounded.

See yah, it tek nuff a the warm fard'n a-piece grater cake fi save me from get a beatin' that evenin when me was a boy.

Names and Nicknames

WHEN ME WAS A BOY – LIKKLE BOY – goin' to school, my mother did use to have some sayin's fi suit every purpose. Like if ah come home an tell 'ar that them boy or girl call me nickname she would sey something like, 'What's in a name? A rose by any other name would smell just as sweet. . .' or 'Words are wind. It is blows that are unkind. . .' or 'Sticks and stones will break my bones, but words will never hurt me. . .'

What she never seem to know was that there was some very hotful words like 'Like yuh Maddar'. If nuttin else cause fight fi bruk, dem words wi dweet. Everybody them time did have either a nickname or a pet name. Pet name yuh get from yuh Granny or yuh Gran-aunt, yuh come fine y'self with it. Like Man Man, Son Son, Boysie, Boogsie and other terms of endearment.

Nickname now is another story altogether. Nickname is a tease that yuh get from yuh schoolmates. Like Donkey Knee, Sledge Head, Muscle Head, Tief a Kitchen, an if yuh lef' handed yuh get something like Mampy Crab, and other such descriptive labels. When yuh hear somebody seh, 'Doan call mi so!' yuh know that that was a nickname. Everything an everybody at some time or other had to pass through a nickname.

Where the trouble was, was if the name stick pon yuh. For instance, in dem days policeman use to be called Pan Head, because of the helmet that them use to wear, but yuh doan call him so to him face or is gone yuh gone a jail. Now where the tragedy is, is when somebody doan know the difference between a pet name an a nickname.

There was a red seam policeman that them use to call Mawga Lion. Doan ask me why. My business was to mek sure that I didn't call him so mek him hear. Them also use to call police Corpie an them days police never use to drive round inna car, them use to walk foot a street – night an day – unless them was speed cop then

15

them would drive the speed cop three-wheel motor cycle with the sidecar. An them never carry gun. Only baton, handcuff an whistle.

Well, one day the one them call Mawga Lion was walkin' through the Victoria Park when a woman go mek a mistake an cuss a bad wud an him drape 'ar up. Poor thing, she never know seh police did deh 'bout so when him drape 'ar off to Central she start baal. 'Do sah, do sah, mi neva si yuh, sah.' To no avail. Somebody go seh, 'Mawga Lion drape up di gal.' With that she start to beg some more. 'Do Missa Mawga Lion, ah won't dweet again, sah. . .Do Saagant Mawga Lion, do ah beg yuh. . .Do Inspecta Mawga Lion, do sah.' With every Mawga Lion she call him, the tighter him han' inna 'ar wais'.

She pay the price for not knowin' the difference between a pet name an a nickname. There was some things yuh had to learn quick when me was a boy.

16

Eating Well at School

WHEN ME WAS A BOY – LIKKLE BIGGER BOY – there was one thing me use to love to eat, a hard boil booby egg wid black pepper an salt. When yuh walkin' to school in the mornin an yuh hear the lady cry out, 'Booby egg, booby egg, boil an raw booby egg, booby egg. . .' yuh go outa yuh way an follow the voice till yuh fine 'ar, nuh care how much hase yuh deh pon. When she help down 'ar bankra an me put my han' inna my pocket is half a my fippance lunch money finish deh so. That's two egg, an a quattie gone like Sammy mout'. The raw egg them use to sell fi a farden a piece.

A booby egg was about the size of a small fowl egg an the shell did have freckles pon it an it come from one a them likkle islands roun Jamaica that them call 'key' that fishermen always stop when them go to sea. One special set a key them that the bird choose fi mek them nes' pon is 'Booby Keys' an it get its name from the booby bird that live there certain times a the year.

Them days nuhbody nah stop yuh from tek few hundred dozen fresh egg from outa the nes' them when the season come for is nuff birds. But it seem like some people use to tek advantage a the situation an the bird them was dwinglin' so gover'ment stop it an mek it illegal fi anybody even to touch the egg them now.

Now then yuh get fippance – that's like half a five cent – fi lunch an yuh box wey half a that inna the mornin before yuh reach school, an come 12 o'clock yuh feel jus as hungry as them other days, yuh haffi fine a way fi get as much as yuh can outta the quattie, that's penny hapenny, that leave. That mean is either jackass corn, mattrass or toto wid either coolie plum, jew plum, banana, orange, stangerine or star apple, an that wash down wid a two colour snowball an yuh awright. Me cyaan ever remember goin' back into class wi my belly full after lunch. But after bell ring an yuh race to the pipe, by the time yuh reach back inside yuh covad.

Now another thing me did love was crus'. A patty an a crus' was the usual combination but plenty time two crus' an a snowball stop the gap better. Crus' was the dough leave over when yuh mekkin' patty an the meat finish. Them roll it an fold it over few times an then cut it into four inch pieces an bake it. Nice! When yuh bite yuh warm crus' an yuh suck yuh cold snowball an the grease inna the crus' sleep up pon yuh teet', yuh lick yuh teet' wid yuh tongue happily fi many minutes.

Them times the food that yuh use to get in or aroun' the school yard did have personality because them use to be baked, boiled, roast or prepared by the people who sell them. For instance, Miss Shand use to specialise in corn. Boil or roast. She sell it wid pieces a dry coconut cut up. Up to now me still feel sey the two a them – corn an coconut – go together good. Lysha an Baby Rose who use to sell snowball, use to boil them own syrup an mek them own ice cream an set them own ginger beer. The patty an crus' lady them had them own recipe, style an ingredients in their things.

People who sell fruit plenty times get it off the tree them in them yard. Or when yuh see things like sugar cane yuh know that them get them supply from them mount'n. The candy, asham an cocksham – that's something like popcorn but wid syrup pon it – was made by the same ladies that sell them.

Up till the time a establishment name Steels open up them business on East Queen Street an introduce school children to coco bread an patty as a sangwidge an the glass a cows milk an schools start serve hot cook lunch fe penny ha'penny, them little ladies and gents roun the school compound use to keep wi well nourished when me was a boy.

Fresh Bread Feast

When me was a boy – likkle bigger boy – there was one or two things that me did grow to hate an other things that me did love cyaan done. The smell an taste of fresh bread! Love it outa this worl'. Now them did have a likkle bakery down Bray Street that use to bake a thing that them use to call sangwidge or pan bread. It was white an 'bout ten inch long an four inch square. Passing that bakery on my way home to Franklin Town from Windward Road School was not really the most direct route but fi the smell it was worth goin' outa yuh way likkle bit.

The reason why them did call this bread sangwidge bread was when yuh cut it into slices it was the right shape fi makin' sangwidge. The slice them did square an when yuh cut the slices pon the bias yuh get two perfec' triangle sangwidge an yuh doan waste the crust.

The loaf use to sell fi sixpence – someting like a five cent. Those days yuh could get a small tin a Nestles condense milk, come from England, fi tuppence ha'penny – that was nearly half a five cent. The tin small like the ones them sell them likkle sausage into now. Ha'penny salt butter pon a piece a greaseproof paper woulda full up yuh han middle an if yuh beg Missa Chin or Madam a piece a saltfish them woulda tek up a piece a ears or tail outa the box under the counta that full a it an gi yuh.

So wid yuh warm fresh sixpenny pan bread an tuppence ha'penny tin a milk an yuh ha'penny salt butter an yuh beg saltfish, all yuh need was the penny or quattie pear that yuh did buy from the lady outa the school gate.

Now because is three or four a yuh mek up fi buy everyting yuh cyaan wait till yuh reach home fi get yuh teet' into this feas' for unno doan live near to one annada so yuh have to share up the spoils right deh so.

Everybody penknife tek out. One workin' pon

peggin' the pear, one cuttin' open the bread long way an butterin' it, one cuttin' up the saltfish ears an the other punchin' two hole inna the top of the condense tin. The fac' that nobody have anyt'ing to mix the milk in doan slow down the operation one moment.

All yuh do after yuh butter the two half a the bread an yuh lay out the pieces a saltfish meat on toppa that, then yuh put the four or five peg a pear head to tail on top a the saltfish an butter. Then yuh pour the condense milk over everything an shut up the loaf. The bigges' penknife cut it into equal parts an who like the bread end get it an who want the middle tek it. All that tek place siddung right under the window of the bakery. By the time yuh done eat that an lick a poltice of fish an pear, salt butter an condense milk offa yuh finger, there is nutt'n lef' but to go home.

Now, I doan know 'bout nobody else but from the bakery to home is the hardes' part of the journey nuh matter what it measure. Yuh belly bang an yuh clyde. Yuh cyaan walk fas' but yuh dyin' to reach home. As soon as yuh go thru the gate yuh head straight fe the pipeside for yuh thirsty like horse. When yuh cup yuh han' under that pipe cock an gulp that sweet natural pure water all that is lef' to make life perfec' is to climb into yuh favourite tree an ketch a snooze after yuh belch.

But what happen? As soon as yuh reach inside an put down yuh school books strapped together by yuh thin 'French waist' leather belt, yuh Granny call out to yuh to go wash yuh han' an come to the table for yuh dinner ready aready. Then yuh realise that the smell that was upsettin yuh was yuh favourite – stew peas an rice an yuh cyaan touch it.

That ah use to hate when me was a boy.

Pubity and Purity

WHEN ME WAS A BOY – LIKKLE BIGGER BOY – Constant
Spring did noted fi three t'ings, the market, the
Constant Spring tram terminus an the Constant Spring
Hotel. Ah suppose that was on its las' legs. It didn' go
much long before the Roman Catholics buy it out an
turn it into a convent an likkle after that the
Immaculate Conception High School tek up residence
there an is there till now.

My father an his relatives was Catholic an when I
did bawn them did christen me so but me never did
know, so when I was livin' wid my mother mother, who
was Allwhereian, I use to go wid har to all a fi har
church them. Down to Modder Walters, behine Ellet-
son Road, an Missa Wildish Maranatha, that use to be
on the other side a Deanery Road in Franklin Town. By
the time me start to go to St Aloysius Elementary
School an discover that ah was a Catholic fi true, me
was a regular visitor to nuff other church. From Angli-
can to Baptist to Methodist.

Now in them time, Anglican was the church of
Englan' an all a their parson was white an come from
Englan'. Fi that matter all the established Protestan'
church them did have white parson from Englan'. That
was awright.

What ah couldn' understan' was how come the
Roman Catholic church had pure American white priest
an that was suppose to be the Church of Rome. When
we use to post *Catholic Opinion* outside a Jamaica not
one went to Italy. Ninety-nine percent use to go to a
place in America name Boston, Massachusetts. All the
Jesuit priest them did seem to come from there. Then
the Franciscan nuns did come from America too, an
them was also white. Them time yuh didn' have nuh
Jamaican Order of Nutt'n or any black nuns or priest
an if yuh hear me talk Latin yuh belly pain yuh.

I did know the whole Mass – high an low – by heart

in Latin. From 'En nominee Patree et Filiee et Spirito Sancto' to 'Deo gracius' – that's 'In the Name of the Father and of the Son and of the Holy Ghost' to 'Thank God'. When me start go high school at St Simons College me use to correct my Latin teacher Missa Morgan – that we use to call 'Mugsy' – on how to pronounce Latin words proper. Of course although Latin was a dead language – that mean that it cyaan change – yuh still did have different way fi pronounce it. The American way, the English way an the right way. Nuff time me get detention at school because I insis' that my American Catholic way is the right way. K.C. an Georges nuh speak Latin the same way.

Apart from Latin, is when me start to tek lesson an study my Caticisim fi tek firs' communion me start learn 'bout sin. Is when I go confession an father ask mi if ah do certain things that me get fi fine out that them was sin. An mortal at that. That's the bad one. Si yah! Ah frighten.

The firs' time I come 'cross a black priest a funny feelin run thru mi. Him was Father Gladstone Wilson. But him wasn' of the Jesuit order. Then there was Father Vidal. Them did sey that the two a them was brilliant scholars. Father Wilson could talk five different language fluent. Father Vidal did know plenty too. Well sah when me realise how far me did have one a my foot in H.E. two stick an how long me woulda stay in pergutory if ah never stop go on wid certain things, me start live pon mi rosary fi penance. No novena never miss mi an ah never miss communion.

Yes there was a time when I was pure as the driven slush when me was a boy.

Puppy Love

When me was a boy — likkle boy — my mother use to dress me up inna pretty 'dan dan' when ah going out y'see. Ah memba them was havin a garden party an concert roun a Lincoln Road Church one time an she was sendin' me. When yuh talk bout pretty clothes! A navy-blue velvet pants wid elastic inna the wais' roun the back an a sky-blue long-sleeve satin shirt wid a bow tie mek outa the pants cloth. Top that off wid long-top white socks turn down jus under mi knee an mi patient leather shoes. Then yuh want to see the kerchief in the back pocket jus a peep out. Cho. Sharp? Like a tack!

When yuh look so as a likkle boy an have a shillin' an sixpence inna yuh pocket, on yuh own at a church garden party, the worl' is yours y'know. Then she all put a likkle ring pon mi finger too y'know. Ah suppose as a only child an one son I had to get all that would a normally share up if ah had brother an sister. Me didn' mind it too much an sometimes ah love it. Like this evenin.

Well ah play hoopla, ride merry-go-roun', eat ice cream cone an watch them other children run up an dung till mi eye catch sight ah a likkle girl inna a outfit that could be the sister to the one I did have on. A blue silk skirt with big white flowers pattern pon it. A white blouse with puffy short sleeves wid lace roun the edge an a big blue an white polka dot silk neck scarf tie inna bow. Black patient leather shoes an short white socks complete wit' piece a the polka dot cloth mek ribbon inna har hair. Ah tell yuh she was the prettiest likkle girl at that garden party. Ah fell in love wid har same time.

The thing that really capture mi heart was the way she laugh. Lawd, she coulda laugh. Har eye dem crinkle up an shine an the whole a har face look happy. Well y'know, me start to join inna the chase too. It was jus a game ah 'catchins' an me not tryin' to catch nobady else but she. Nuh me one, neether. All me want to do is jus touch har. Ah never get a chance. Har nursemaid come tek har wey an the game mash up.

Well later on concert in full swing an me in the front row enjoyin' m'self. A man on stage in a black scissors tail jacket evenin suit with top hat, stiff front shirt, opra collar, white bow tie an spats, with a monicle over one eye – that's a kind a one eye glasses – an white gloves. Him dancin' an the people love him. Them call him 'Fire'.

Then all of a sudden who come stan up side a mi an put har han' roun mi neck? Nuh the girl. . . Me move up pon the chair an she siddung – almos inna mi lap – the same pretty smile that me was runnin' down all evenin. Sar! Ah feel good y'see. When the lady come to mi an sey, 'Come, little boy, yuh mother come fa yuh,' it was the saddest moment in mi life. She went back to her nursemaid an I went out to mi mother. At the best of times I always glad to see my mother but this night har timin' did bad.

See ya, can yuh imagine how I frighten the Monday mornin' when I at school an see the same little girl wearing the same polka dot scarf tie in a bow roun the neck a her middy blouse comin' wid her nursemaid to my school?

The pretties' girl in the whole school was my frien' an I was the happies' thing that day when me was a boy.

My Biggest Regret

WHEN ME WAS A BOY – LIKKLE BOY – my mother was what them call a romantic. 'Incurable romantic'. No Leslie Howard picture at Palace Theatre ever miss har. In fact, as long as is a love picture she haffi see it. Then now, when she an har girlfrien them gather an a talk bout it after them seet, that is something else again. What me couldn' understan' from what me use to hear was 'ow much them use to enjoy the part that mek them cry the most . . . 'That part I cry y'see. It was lovely . . .'

Ah sey Mamma but ah suppose Daddy him was one a them lover boy too, for is him an she always go sometimes, not that him ever inna the discussion wid them. Of course all a Mamma readin' material was either them big t'ick book like *Rebecca* or *Jane Eyre*, *Wutherin' Heights* or *True Confession* an *Love Story* magazine. And also, of course, *Pilgrim's Progress*. No home was complete without one a that one.

Ah suppose that always seein' mi mother an har frien' them wid some form a book or magazine wid them, an since nobody didn' know nothing 'bout television dem days, readin' was a natural thing fe we children. Our readin' did different though. We use to collec' an read Comic. Me an my frien' them use to have dozens of comic book. *Superman, Batman an Robin, Flash, Submariner, Hawkman, Green Lantern* an *Wonder Woman* was my favourite in the Adventure Comic. *Archie an Jughead* an *Mutt an Jeff* was number one in the funny cuts.

Now havin' a mother an father who did love them romantic things ah doan suppose that the chip could be expected to fly far from the block. Me use to have great fun makin' love to girls. Now them times makin love was talk not action like nowadays. Tell a girl how much yuh like har because har eye them look pretty or because she walk nice or she have pretty teeth or a nice mouth an rose petal shape lips . . . the same thing that yuh hear yuh mother an har frien' them talkin' 'bout that tek place inna the picture them. When the likkle girl them like what yuh sey an start call yuh the 'boyfrien' then that nuh it. Nuh love yuh in love. Sometimes fi a whole week.

There was this likkle girl who use to pass my yard every evenin 'bout half pass four–five o'clock so. She use to go to buy ice at the grass yard down the bottom a Summerset Lane. I use to wait fi har every evenin inside my fence an walk wid har right roun the yard. Our house was at a corner so it was two long fence from the front gate to the back. I never go out inna the street an she never come inna the yard. If ah open the gate like ah goin' out she run. Two times fi the day wi have wi likkle encounter. When she goin' an when she comin' back. That interlude last mi till nex' day same time an is happiness all roun.

Well, one day me draw a picture pon one a mi big cousin exercise book leaf an mi did so like it that ah crayon it an write a letter pon the back a it to this girl. The picture was a scene of part of the Wareika Hills behine Vineyard Town. Mi dear sah, ah figet the letter inna mi pants pocket an the pants go to the wash an mi mother fine it. Ah suppose thinkin' that it was now time to have a mother an son talk 'bout the birds an the bees with har growin' up boy, she call mi. When ah see the letter in har han' if the earth could a did open ah would a jump een. She ask me who was Madge. Ah tell har ah doan know is fine ah fine the letter.

Lookin' back on it now, ah cyaan member seein' so much pain on a person face when ah tell that lie. She was hurt, angry an disappointed. She jus run mi from in front a her. Ah was never able to mek up for that an we never did have that talk till she died couple years later.

Ah miss the bus bad that day when me was a boy.

Midsummer Washout

W<small>HEN ME WAS A BOY</small> – <small>LIKKLE BOY</small> – goin' to school, this was the time a the year that yuh use to look forward to. Midsummer. Several weeks of no school. The laas week before yuh get holiday is breakin' up. What fi reap outa school garden, reap. Yuh collect yuh press book dem – those are the pretty exercise books that school use to keep fe yuh that yuh do yuh bes' an neatess work in. An yuh seh goodbye to plenty a yuh frien' dem – boy an girl – who either leavin' school, for them age up, or goin' to the country go spen the holidays. That time yuh love every teacher. Nuh matter how much trouble she did give yuh, or yuh give her, durin term. Ah use to get the feelin that them did like yuh too.

That Friday evenin when yuh leave the school yard, after lingerin' as long as yuh can till all the refreshment done, for as much as yuh lookin' forward to it, when the time really come yuh kina feel like yuh'd like to put it off likkle longer, an yuh head home, yuh know that yuh headin' toward something else that yuh would like to put off for a long time. The dose of castor oil that goin' come yuh way Monday mornin, D.V.! Fly high! Fly low! As soon as midsummer holiday come, whether yuh goin' be spendin' time with this Granny or that or yuh goin' be at home, one of the Granny them goin' turn up wid a whole week of washout fe yuh to tek the first week a yuh holidays.

Monday is castor oil; Tuesday salt physic to wash out the oil; Wednesday, herb tea to wash out the salts; Thursday, senna; Friday, Indian Root Pill; an Saturday, cerasee or some such bush tea. By the end of that week there is nothing to wash out. Yuh inside get scrubbed, second, rinse, bleach and hang out to dry. An if yuh ever complain 'bout a stomach gripe durin that week – something that yuh cannot help – everybody feel justified that yuh needed the medicine for 'See, yuh 'ave cole.' Then when that week of medication done, if yuh lucky, that is it; but anyhow full moon happen to be near by, look out! A vile tastin' dose of worm powder will be administered while yuh're standin barefoot in the cistern at the pipeside. Now that is the one me did fraida. As much as ah did hate the salt physic, the worm powder did worse! It bitter an doan care how yuh good yuh cyaan swallow it down in one go. It cake up pon yuh tongue an in yuh throat fi spite.

But yuh see after yuh survive all that inner laun-derin'? Yuh can go eat anything an everything fi the next year an still shine like a new penny.

Ah suppose that the reason why so much of us can stand up to the stress an strain of today is because of them midsummer washout wi use to get when me was a boy.

A Taste of Country

WHEN ME WAS A BOY – LIKKLE BOY – the firs' week of the new school year didn' 'ave as much fi do wid learnin' school lesson as wid learnin' from yuh school frien's – new an old – all what happen to them durin' the holidays. Everybody had a story.

Ah remember one year I had one a the bes' story but me didn' want tell nobody for me shame. Them time me did easy fi shame. Y'see what did happen that holiday to me was my firs' visit to the country to meet an spen' time wid some a mi granmother family.

Now it seem that my father father, who was a tailor by trade, did leave country in Jamaica as a young man an did go to Panama fi go better himself. Over there him meet a nice buxom Panamanian-lookin' half-Indian girl name Adassa an married 'ar quick quick. It turn out that she was from Bog Walk in St Catherine. Well after four children, two boys an two girls, Granny Ada decide to pull up the family tree an come back to her roots in Jamaica. Her husband wasn't ready to leave yet.

So here I am, third generation now, taken to Bog Walk to be hugged an kissed by a whole heap a new mouths. Some old, some not so old, some have teeth, some is pure gum. One lady she marvel me wid how she was able to keep fi har chalk pipe inna fi har mout' wid only three green teeth.

It was the firs' time that I was to see an go inside a house mek outa bamboo with coconut thatch roof an dirt floor. For a likkle boy from downtown Kingston this was a new world. The firs' thing ah notice was the smell. Ah never encounter it before, yet it was familiar. Outside, the yard, which was damp hard clay, sweep so clean that it look like concrete. Plants that ah never si before in mi life surround the compoun'. Water come from a spring which was jus a deep hole cut in the groun. Hog pen, fowl coop an cow wid calf. At the bottom a the hill a potato field an the river.

Within the firs' hour of arrivin' ah drink coconut water an eat sugar cane an drink cane juice till ah nearly bus'. Them did have ah likkle cane mill in the yard mek outa a old tree trunk an bamboo an zinc. The two bench in the yard mek outa bamboo an tree limb. Fi the firs' time ah see rice an peas cook inna a yabba pot over a wood fire. It taste good! Different from the enamel pot one that cook pon the stove.

After dinner an them other one come from field wid all the groun provisions an green banana an fruits, mi mother an father pack up the car an them head out back to Kingston. I was to stay for a couple weeks an somebody would bring mi back to town on the train.

Night come dung, an is ya the deat' deh. It dark, it dark, it dark, it dark, it dark so till. How them see me will never know. Now after all the fresh fruit an fruit juice an big dinner an the runnin up an dung yuh know what goin' happen inna the night? Is the firs' I am goin' to encounter a pit latrine.

Down the hill from the yard on a moonless night wid a piece a ole newspaper an a 'kitchen bitch' lamp. On the way yuh have to pass some tomb. The family plot. Well family or no family ah not goin' through no burrin grung at night to go to no toilet. In fack ah not goin' through it in the day me one neether. By the end of the firs' week them had to pack me off back to Kingston to go see doctor.

Bellyache nearly kill me down a country that firs' time when me was a boy.

My Foot Fault

WHEN ME WAS A BOY – LIKKLE BIGGER BOY – certain words didn't invent yet, words like penicillin an antibiotics. So when yuh in Kingston an get a cut if iodine cyaan heal it up then something gone radically wrong. Girls an women use to have headache regular an them jus tie them head an soak the cloth wid Bay Rum an drink mint tea till it stop. Fi 'fresh cole' them beat up 'leaf-a-life' an give yuh the juice to drink wid a pinch a salt. If is a bad cole, them scrape 'sinkle bible' – what them call 'aloe vera' now – an mek yuh swallow it. Scott's Emulsion an cod liver oil build yuh up back. Fe fever, doctor come – them days doctor use to come to yuh yard any hours a day or night fi £1.1s., say $2.10 – an him give yuh quinine tablet.

Women, before them straighten them hair, would wash it wid tuna. That is, the one them that did know the difference between tuna an prickly pear. The two a them is one shape but one have on some bad makka that split open – like when yuh tie fish hook back to back – when it get into yuh skin.

Internally, what castor oil, salt physic, witch hazel an lamp oil cyaan cure hospital have to operate pon. Fi toot'ache likkle 'creasut' work wonders. Sprinkle some pon piece a cotton an roll it up an put it inna yuh ears an wait till dentis come to yuh school.

Now me never suffer from them quality kinda sickness. In fact I was what yuh would call a healthy child. My Granny see to that. Regular wash out an keep mi outa draughs. In her one room when it lock up at bedtime what fresh air is inside stay inside an what is outside stay outside.Any likkle crevice like under the door or between the woodlath that mek the wall – for them time is wood mek house not block – get stuffed wid newspaper. The little transom that did over the door? That have paper paste over it long time. No sah, she doan believe in night cold inside. It belong outside!

So me never sicky-sicky. But Lord sometimes ah wish ah was sicky-sicky. Yuh know how much days I woulda did like seh that ah have a headache or tummy ache so that ah doan have to go to school? As to tummy ache! Me couldn' get wey wid that because everybody did know me as a 'gormandiser' who can eat everything at any time a night or day an doan even belch from discomfort. When yuh can eat a bag a coolie plum an go to yuh bed right after an it doan fraat up pon yuh ches then yuh cyaan lie 'bout bellyache.

My problem was a thing them call 'egzema'. Yuh doan have nuh cure fi this, yuh have to grow it out. My foot them use to full a fassy. Yuh si when I come from school a evenin time? Is straight to the pipeside I gone. I use to wear long socks that come up to right under mi knee. Some did have elastic top an some yuh had to wear garters fi keep them up. Before I can tek them off ah have to sprinkle water all over them fi lessen the agony. By the time them come off ah haffi dus' sulphur powder all 'bout pon mi foot. In the mornin after ah done bade ah haffi dus' them again before ah put on a fresh pair a socks.

To this day me nuh wear one pair a socks more than one day. When yuh a school an is games time an everybody haul off them socks an ready? What games me cyaan play in shoes an socks can stay! Ah did love football an coulda play it fairly good but me couldn' last a whole game. As soon as me an somebody foot mek contact yuh know my blood goin' start run. Sometimes yuh didn' mind because it never use to hurt too much. What use to be more painful is when somebody goin' shout, 'Bully, yuh foot a bleed.'

So them use to call me when me was a boy.

Changing Teeth

WHEN ME WAS A BOY – LIKKLE BOY – dentis use to visit school at least once a year. Yuh coulda always tell who an who not comin' to school tomorrow if dentis comin'. Whether yuh have bad teeth or not, dentis haffi si yuh. Who fa teet' shakin' or want fillin' or want tekkin' out or cleanin', dentis haffi si yuh. Sometime after dentis gone, smiles were scarce. Either outa pride or pain.

Well, me neva really have nuh trouble wid him for when me was changin' teeth as soon as any of the front one dem start shake is a piece of string tie on to it with the other end wrap round the door knob an shut mi eye tight an slam the door. It worked every time.

But like a spite, what y'think happen? My mout decide to tek een wid a jaw teet'. An at a time when no dentis was due to visit school. The face swell up like is mumms. Look at the teet', nutt'n doan do it but it painin' like the dickens. Well, behind every dark cloud is a silver linin'. Mi mother decide to keep mi home from school the nex' day. Now in dem days unless yuh have a sign out on Duke Street or near it sayin' that yuh are a dentis then yuh not sayin' nutt'n. And of course with that sign goes some big fees. All one guinea – that's twenty-one shillins – fe pull out teet'.

My mother happen to know of a likkle man who 'fix teet', that's 'mek plate', that work at him yard on Montague Street in Rollington Town so she sen mi to him. I arrive at the man yard an tell him mi mother sen me an that mi teet' hurtin' mi. Him tek mi inside the drawin' room an put me to sit down in a rockin' chair. Ah show im mi mout' an him poke with a silver thing till him satisfy that him find the right one. Now the funny thing is that as soon as ah reach inside the man house the teet' stop hurt mi. Him tek out a long needle an him stick it inna mi gum. Now me not really brave but I have a way that if it have to happen might as well get it over quick. After him leave mi an gone outside mi mouth start to feel funny. In fact one side didn' have no feelin' at all.

Likkle more ah look through the window an ah see him comin' from roun the back of the yard outah the kitchen with one han' behine him back. Him was hidin' something. What him didn' realise was that when him pass the window I would be able to see what was behine him. It was a small enamel basin with the tools for extraction. I wasn' afraid because by now I wasn' feelin nuh pain an the whole adventure was gettin' excitin'. After all mi mother didn' sen nobody with mi, she thought that I was big enough to go on mi own. So ah have to be big an don' cry. Si yah if she was deh she woulda bawl!

Wi start out inna the rockin' chair an him haul an pull mi all over the drawin' room, out pon the veranda, down the steps into the yard an wi finish up under a cocohut tree wid him knee inna mi ches. An yuh know something? Ah neva feel a thing.

Me did have some horse teet' inna my mout' when me was a boy.

A Smashing Trim

WHEN ME WAS A BOY – LIKKLE BOY – pon a Saturday mornin roun this time a the year them put a sixpence inna piece a newspaper an wrap it up an put it inna yuh pocket an sen' yuh off to the barber. Now this could be the beginnin' of sorrows.

Firs' thing when yuh reach, the barbershop full. Man an boy. Now is only one barber, one barber chair an· no electric hair cutter. The clipper is the kine that the barber man haffi press down pon yuh head an pump the handle with him finger dem. Boy when I think back pon it now ah haffi gi him credit. Fi him fi stan up so long an cutta, cutta, cutta an snip, snip, snip-snip-snip an scraape, scraape, scraape-scraape-scraape, scraaaape roun yuh headside all day long couldn' be a easy job.

But ah can tell yuh one thing though, much a my education about the worl' of big people come from them hours that I spen inna that barber shop. For instance, is in the barber shop me learn 'ow fi play draughs. Jus by watchin'. There was always a game goin'. So yuh watch an wait an wait an watch till your time come.

If is a big man jus finish, the barber man will put a piece a board 'cross the barber chair handle an yuh climb up an sit pon that. After him shake out the white cloth an spread it over yuh an pin it roun yuh neck yuh hear y'self sayin something like, 'Mamma sey not to tek off too much off the top.' When him finish wid yuh an yuh wake up yuh fine a nice likkle 'top notch' an yuh headside clean.

Yuh feel bosie wid yuh new trim till yuh reach home an yuh mother sey 'What him leave all that on top fah? Just go back an tell him. . .' Now that is grief. Goin' back to the barber to tell him that 'Mamma sey. . .' When him finish wid yuh that time is a 'Serve-mi-long' yuh have. The top clean like the side an dependin' on what sorta mood him in yuh might get a nice razor paat pon the left or centre of yuh head top.

Yuh see when Monday mornin come an yuh bade an get ready fi school, an bein' as how is the firs' day a school yuh mother wi 'low yuh fi wear yuh new baggie foot pants an sailor-boy shirt that come from Panama the other day? Is one thing yuh not leavin' home without y'know, is yuh cap.

Now me did always have plenty frien' at any school I go because my Granny use to bring lunch fi mi, an my mother, not knowin' this, use to give mi lunch money so yuh coulda always raise a snowball from me at leas' or get some a mi Granny lunch.

But ah want to tell yuh nuff frien' or not, with that kine a clean head trim the firs' time yuh tek off yuh cap an them boy see the sweat an hair rubbin glistenin' in the early mornin sun them descen' pon yuh an all yuh can feel is some han' middle clap yuh inna yuh head, yuh see stars an all yuh can hear is 'Smash'. It nuh mek nuh sense yuh get vex for is then them goin' tek set pon yuh. Jus put on yuh cap quick an run till school call.

The amount a 'Smash' me use to get inna my head when me was a boy!

Boy Scouts

W<small>HEN ME WAS A BOY</small> – <small>LIKKLE BOY</small> – most everything use to come from England. Clothes, food, furniture an fixtures. Only apple, grape an car use to come from 'Merica. Everybody use to swear by anything that come from England. As soon as it come from England it good fe yuh. Ovaltine, Nestles milk, Radio Malt, choclit an sweet biscuit.

As far as everybody did know, England was the mother country an the British Empire was the bigges' thing on the atlas so when war come we didn' have nutt'n fi worry 'bout for nobody couldn' beat England. Nuff big man ready fi go join army an air force an go fight 'gainst Hitler'. Who couldn' turn soldier join ARP (Air Raid Precaution) an turn Air Raid Warden. Them get a helmit, a badge fi wear pon them arm an a baton.

All women turn soldier. Me did have a big cousin who did join ATS. Yuh want to si 'ar inna 'ar unifaam. At night when wi use to have blackout, she use to dress up inna 'ar unifaam an go out wid the Air Raid Warden them to see to it that everybody window cover up good an nuh light no shinin' so yuh can seet outah street. That is when me decide to turn cub scout.

Me notice that some likkle boy like m'self coulda outa street a knock pon people gate an tell them fi turn off them light an the people use to dweet. So me go join Franklin Town Scout Troop.

Now when yuh done learn the scout laws an pass the test an goin' get yuh woggle an scarf is a big occasion y'know. Well me did have everything ready. Unifaam shirt an pants, belt, cap an socks complete wid garters. The only thing missing was the shoes. Ah had to get a pair a brown shoes.

Now it was comin' on to the time when my mother an father would start buyin' Christmas things to put away before the price get too high. The shoes that me was goin' buy fi mi scoutin' would have to serve fi mi

Christmus as well for ah cyaan get two pair jus so.

Well sah, wi go down King Street to go buy this pair a shoes. The firs' store wi go in the man bring a pair a 'Bunny Rabbit' two-tone brown shoes that I fall in love wid on sight. Once me get my foot inna it there's no way that me goin' mek him put them back. Well, with the help a the shoes horn ah get on one foot. My mother sey it did too small but me sey no, it awrite. It did well tight but me figga that it wi stretch when it get use to mi foot. Poor Mamma doan know nutt'n bout scout so she doan know that two tone brown is not unifaam shoes.

Well, the shoes buy an the day come fi go on parade to get received into the troop. Y'see when Patrol Leader sey 'Attention!' Ah si stars! The smalles' likkle pebble inna the school yard was like a razor blade under mi foot bottom. When them call mi name an ah jump to attention an quick march go up to the Scout-master Mr Whittingham an salute an shake him han an get mi scarf an woggle an them see tears glisten in mi eye them did think is happy I happy fi turn scout. Little did them know.

One good deed me do to myself up to today. When it come to shoes, if it tight, it nuh right! Me learn that from when me was a boy.

Scout Jamboree

WHEN ME WAS A BOY – LIKKLE BOY – one of the most natural thing to do was to become a scout. Every community, established church or church school had a scout troop. There was every reason fi yuh to join scout. If yuh was frisky, headstrong an lively, they sey scoutin' would channel yuh energies in the right direction. If yuh was sof' an fenke-fenke, they sey scoutin' would toughen yuh up an mek a man outa yuh. Scoutin' would teach yuh to survive wherever yuh are, at home or abroad. Scoutin' was a whole university in itself. What yuh would learn from scoutin' would mek yuh stand head an shoulders over the average boy.

Well, with my height or lack of it, them didn' have to preach too hard. Anyway, ah was a cub an ah did like it an I did wan' wear the felt hat insteada the little green cap. Is only one thing ah did sorry fah. That ah didn' get inna the sea scout. Every minute them gone pon board ship an gone a sea.

Well, me did join the Franklin Town Scout Troop an wi use to have meetin' at the school. Scoutmaster was Mr Whittingham. Me use to think that him mus' be one a those that scoutin' toughen up for him did too gentle. Now in those days, Doncaster lands was so-so bush an coolie plum tree from Windward Road to seaside. Them use to have a big club house down there where them use to keep some big dance sometime an that became scout headquarters.

Well them decide to have Jamboree down Doncaster. Scout from all over. Home an abroad. That was the first time ah was to meet up with people from the other British West Indian islands. Ah wan' tell yuh something– them days, although calypso was in Trinidad, steel band never come in yet. Well m'dear sah, wi bush out the Doncaster lands an come Jamboree, as far as yuh eye can see, is tent. Tent an trench.

Now durin' Jamboree yuh get opportunity fi show

off yuh colours y'know. Yuh can tek tes' fi nuh ends a badge. One a the badge that me did go in fah was cookery. I decide, fi my test, to bake a potato puddin. In order to get this badge yuh haffi do everything fi yu'self. From gather wood to mix ingredients. From grater coconut, potato an cocoa to build stove to ketch up fire wid one stick a match.

Well, all that never worry me for me use to do that a my yard but ah encounter a slight problem. The potato. It seem that the portion a potato that them ration out to me did come from the bottom a the crocus bag an that bag been standin for over a week, plus when them did firs' arrive from Camp there was no guarantee that them did fresh outa the ground. In other words, most of my potatoes did start to shrivel up.

Now sweet potato is not the easies' thing to peel an when them stale, it worse. Mi han' blister. Then when yuh staat grata them an them spongy! When me finish not a skin leave pon mi big finger joint. Then the next thing I decide fi use new sugar. Now when ants tek up new sugar yuh cyaan get them out, for when them reach the sugar them get stuck in the molasses. Anyway yuh can hardly tell the difference between grated nutmeg an ants.

Ah get the badge but not even a slice of the puddin was eaten. Mr Whittingham only look at it an smell it. It did look good an smell good but stale potato is not appetisin'.

At Jamboree breaking up, mi sleeve did have awn three new badge though, an ah wear them wid pride when me was a boy.

Street Corner – The Film

WHEN ME WAS A BOY – LIKKLE BIGGER BOY – ah was livin' wid mi auntie. Me an my cousin them, boys an girls, use to sleep inna the same room, all seven a wi. The big boy on a single bed, the two girls on a three-quarter bed an the other four a wi pon the double bed.

Well, it didn' tek too long fi the double bed get too small. Children grow fas' an what was a comfortable situation las' year – two sleep wid them head up an two wid them head down – suddenly this year doan feel so right.   foot gettin' into face an toe cheesy an so fort'. Plenty night is the threat a the strap that prevent fight after them turn out the light.

To solve the problem them get a foldin' cot fe me an that use to be put in the middle of the room every night an fold up an put outside in the mornin'. A foldin' cot was something mek outa canvas an pitch pine wood. Two long piece, an four shorter piece that form the foot. But instead a them stan' up like table foot them cross one annada at the two end of the two long pieces. A iron bolt hold them together where them cross an them fit into the long piece at the top. A piece a canvas cover the full lengt' an tack awn to the two long piece.

One thing 'bout a cot inna the board house, it doan tek no time fi it tek up wid chink. If is one thing me cyaan stan to this day is bed bug. Jus fi talk bout them mek mi blood run cole. Them days no house was without a Flit spray can. Yuh didn' have aerosol spray them time. Yuh had was to hold the spray can wid one han' an pump it wid the other like yuh pumpin' bicycle tyre, an the Flit spray out like today insect killer.

Now in the mornin, me was the firs' one to get up an fold up my cot an put it outside. Weekday or weekend. Saturday ah haul out the Flit can an ah spray it from end to end. When my auntie praisin' me how ah was a 'good boy' an how ah was 'industrious' she never know the real reason fi my industriousness. Is embarrassment mek me use to budge so early. An is not the bed bug.

I did reach a stage of development where some strange an wonderful things use to happen to me in mi sleep an in the mornin the tell-tale result of those wonderful happenings could be seen mapped out in mi cot. Ah couldn' mek nobody see it for mi cousin them mighta tease mi or mi auntie wi tell mi that ah rude. Is not rudeness use to cause it for sometime nuh matter how hard ah sey mi prayers before ah climb inna mi cot, it happen same way.

In those days the 'sex' education that yuh get in school was not formally in the classroom but willy nilly in the school yard, an that three letter word didn' exist. Then all of a sudden there was a big hue an cry inna the newspapers 'bout a film name *Street Corner* that was recommended by some for the young teenagers – an that was also a new word – an not recommended by others because it was too 'explicit'. It was about a boy an him girl frien' who get themself in trouble because of yuh-know-what!

Well yuh know what happen? Everybody go seet because it was not restricted viewin'. Talk bout explicit? It show yuh everything plain as day. Fi the firs' time wi hear the word Sex used in relation to an act, an see the privit parts on public display. We learn 'bout venereal disease an the real way yuh can get it, an the crownin' glory was a midwife's eye view of a lady givin birt'.

Well, is one thing me did glad fah, an is that the movie was in black an white an not colour or me sure that me woulda did faint wey inna the theatre that day when me was a boy.

A Little Monkeyshines

Wʜᴇɴ ᴍᴇ ᴡᴀs ᴀ ʙᴏʏ – ʟɪᴋᴋʟᴇ ʙᴏʏ – goin' for a walk is
something everybody a Kingston use to do. Come
Sunday evenin is either yuh go to the fence an look out
or yuh 'go for a walk'. A special treat is when yuh go fi a
tram ride but walkin' was the thing. People use to dress
in them Sunday bes' fi go fi a walk. Sometimes them
would sey them goin' go walk down them supper, an
when yuh go walk is not jus roun the block y'know. No.
King Street was a popular promenade, from Parade to
seaside. Children an big people from Denham Town,
Jones Town, Campbell Town, Admiral Town woulda
pass one another pon King Street walking out. Workin'
class, middle class, it didn' mek much difference pon a
Sunday.

Anyhow we never deal wid them terms in those
days. People use to jus meet an chat while walkin' out.
The one an two car dat was pon the road – mostly as
taxi – did have plenty space fi keep outa the foot walker
them way, an the main streets downtown did have
sidewalk. Now walkin' wasn' on Sundays alone but
Sunday was a dress up affair. After all, mos' everybody
had to walk because yuh doan only get to meet people
but 'shanks pony' was the cheapes' form of trans-
portation.

When me was goin' to St Michael's School on Tower
Street me use to love go walk in Rae Town after school.
For some strange reason me use to like to watch the
'Avenue' tramcar drive over the little bridge them did
have down there. I always did think that one day ah
would see somebody try hop off a the tram when it on
that bridge.

In them days Rae Town was a high class residential
area. Mostly British and high colour Jamaican did live
down there. Plenty upstairs house wid big yard an
pedigree mango tree an other fruit that yuh doan fine a
grow common nuh wey else. Them days yuh coulda

bring anything come a Jamaica an them English people woulda carry all sorta things come ya pon boat. Animal – well yuh know them not goin' nowhere without them dog or puss – bird, geese, guinea chick, an in one yard that me use to love to pass, there was a pair a monkeys.

When the word reach a school that there was this monkey yard, yuh can imagine? We didn' walk, we run go fi look pon them. Is the firs' time me goin' get m'self so close to monkey. The people use to allow wi fi come een an look pon them but them warn wi nuh fi tease them.

Now when it come to monkey me doan know is who tease which. Them had them on a long chain wid a collar roun them wais', so that them had the full run a the yard almos'. Them had parrot in some big cage too. Is then mi goin' learn that parrot like pepper an peanut an orange, an monkey like banana.

By this time, it was mango season an the Bombay, Beefy an Black Mango tree them in the yard did start lookin' pretty. Me wid my smart self figure out that since the monkey them like banana if mi carry couple fi them, them wi pick mango fi me. The only trouble was, how yuh tell a monkey that him mus pick mango fi yuh?

Well that evenin after me hold my han' through the fence wid the banana in it, the monkey come an tek it quick as lightnin' an climb up gone inna the mango tree. So what Smart Alec me do? Me nuh tek up a young mango an throw it up inna the tree fi show the monkey wey the right mango that ah want him pick fi mi is. Ah doan tink him did get the message. All I know is that ah feel one 'konk' inna mi head. The monkey start fling young mango after me. Him never miss once.

Ah discover that ah wasn' yet ready to communicate with mi ancestor that day when me was a boy.

Christmus Disaster

WHEN ME WAS A BOY – LIKKLE BOY – Christmus was a time a pure excitement. There was always so much to see an do. It always seem that nuh care how hard yuh try yuh never see enough. Somebody is always able fi tell yuh 'bout something them did see that yuh never si. An is one thing 'bout Christmus time, nuh likkle chile nuh sick. That is nuh care how much yuh feel bad or pain yuh have, yuh keep it to y'self for yuh not gettin lef' outa the happenin's. That is why whether yuh new shoes a bun yuh or not, yuh not stoppin'.

Yuh si if yuh wake up an feel likkle feverish? Cho. Yu'd a haffi drop down a roadside before yuh admit that yuh nuh feel well. The thing is sometimes yuh mek y'self sick by tryin' so hard fi keep up wid everything. Yuh eat too much or yuh eat too much mixture an gi y'self colic. When the gripe tek yuh, yuh glad fi grin an bear it. Then of course the nearer it get to the eventful day the faster yuh haffi move an the slower the hours pass.

There was always las' minute shoppin' fi something. Chiney shop an downtown store open till all hours. Almos' every time the postman ring at the gate an deliver a Christmas card, somebody else name get added to the list an another trip to town an the Post Office. Me never mine for anywey them goin' me gone too.

After a while, yuh get fi realise that yuh better off stayin' roun the bigga ones than yuh own size for that is where the action is. Of course that mean that yuh goin' haffi work too, for them movin' at top speed gettin things ready an if yuh wid them yuh haffi fetch an carry. Sometimes yuh woulda like sey yuh tiard but yuh cyaan afford fi get put to bed for yuh goin' miss something.

One Christmas Eve through not wantin' to miss anything ah miss everything. M'dear sah, everything workin' out to a T. The future of tomorrow mornin was loaded with great promises. All that was to be prepared was prepared. The Christmus cake them bake an cover up in the baking tin them fi keep out the likkle mus-mus them, an the potato puddin wid the thick sof' part on top still in the puddin pan, set on top the goblit that is standin' in the basin with about three inches a water, once again to outsmart the mice. The ham cook an put to cool toppa the waggonette whose four foot is standin in the four polish pan cover wid water to keep out the ants, an the rice an peas in the ice box wid the wine an punch an drinks. An the wood floor have the red oxide beeswax shine yuh can only si at Christmus. Like ah sey, everything ready!

Well, las' thing before wi leave out fi go walk down town I decide that ah goin' mix m'self a glass a milk. Now them days, cows milk was always available but me like put sugar in mine. Well, ah pour the milk in the glass an put the glass on the table near the goblit an basin wid the potato puddin. In my haste an excitement, ah tek out the sugar bottle an spoon out some sugar in the glass a milk an start to stur it even before ah put down the bottle. The result! The glass start to turn over, for the spoon did too big, me leggo the bottle fi ketch the glass, the bottle drop an mash, jumpin' outa the way of the spillin milk ah bounce the goblit. The puddin pan slide offa the goblit an drop face down pon the floor. Inna mi fright ah try fi lif' it up only to find the pan come up leaving the warm puddin spread out pon the floor.

Although I wasn' feeling sick, that Christmus Eve night ah wish ah was dead when me was a boy.

The Christmus Spirit

WHEN ME WAS A BOY – LIKKLE BOY – preparin' fe
Christmus was something that everybody inna the
househol' did haffi involve wid. Everybody was a
specialis' inna something, down to sharpenin' the knife
them fi slice up the ham. Them time nuh care how the
family poor if is even a chicken outa the coop, it goin' to
get roas' an put pon the table, an come Christmus Day
between one an three o'clock carvin' tek place. Cake
haffi bake, that mean that we the likkle ones have the
job fi rub up the sugar an butter an beat up the egg
them.

Me use to like when mi father mek the Christmus
punch. Sure as fate by the time breakfus dun, after yuh
drink Daddy punch yuh gone fas' asleep. Then yuh
have the shellin' a the green gungo peas an the strippin'
of the sorrel.

Who not so comfortable wi the kitchen settins look
'bout the decorations. Pretty colour tusshy paper string
from wall to wall inna the ceilin cross to the drawin hall
wid a healt'y branch a lignum vitae dress wid cotton an
pretty paper as the Christmus tree inna the corner. By
the time Christmus mornin come, everybody have some
reason fi feel proud a them handiwork fi something.

Anadda thing that use to happen was there was
always somebody, be it kertisy cousin, real cousin or
frien', that use to be with us Christmus time. Ah
memba one time a lady who use to go to school wid
Mamma when she was a girl did have a son stayin' wid
us. Him use to call Mamma 'Sis'. Vin was a big man to
me but him always treat mi like a brother. Him did set
up a likkle weightliftin thing roun the back a the yard
an him an him frien' dem use to 'work out' durin' the
week a evenin time. Is him did introduce me to boil
linseed an icinglass. Ah love it from the firs' taste.

When war did start an everybody did root up them
flowers an was plantin' 'Victory Garden' is Vin did plant

out our own wid callaloo an cabbage an lettis an tomato. Healt' food him call it. Him use to drink plenty cows milk an eat whole heap a brown bread an sometimes him mix raw oats wid condense milk. All them time me was always roun. Vin was a real Mr Body Beautiful.

Well this Christmus in question, everything set up to a T a wait pon Christmus mornin. Mamma carry me an two a mi cousin dem down King Street go walk after she leave work an wi meet Daddy uppa Parade an him drive wi home. What a night. If there is something name happiness fi true mi did feel it that night. Mi pocket them full up a clappers an thunderbolt an 'bout six pack a starlight inna mi han'.

When wi reach home something didn' feel too right for the house was in darkness an Vin was suppose to be there. Ah will never figet the soun' Mamma mek when wi open the dinin room door. The cupboard open, the ice box open, an the dinin' table oil-skin cover wid empty glass, empty bottle, ham-bone, empty puddin pan an cake tin, butter paper, cheese cloth an bread crumbs. Everything in the house eat off clean clean. When wi look wey the drinks was, pure empty bokkle. From rum punch to wine. From beer to sof' drink.

Likkle after that a neighbour from nex' door come over an tell us that Vin an some a him frien' them come een half drunk an was havin' a great time in the house. Mamma bawl an she cuss. Daddy was cool. All him sey was, 'At leas' wi provide somebody wid a merry Christmus.'

Peace on earth and goodwill toward men, I saw it in my father that Christmus Eve night when me was a boy.

My Winnings

When me was a boy — likkle boy — there was three times of the year that me use to see big people get excited, Christmus time, Easter time an 'Irish Sweep' time. The Irish Sweep was a sweepstake that use to tek place in Ireland every summer an the ticket them use to sell all over the world. The firs' prize was something like three hundred thousan pound. Now by any standard that was a whole heap a money. Even if yuh win one a the consolation prize them yuh get nuff money. When result come out it use to full up the newspaper more than Common Entrance nowadays an plenty Jamaicans use to win money. Everybody all over the island use to buy Irish Sweep. The big joke was the Irish Sweep was illegal in Jamaica. If police catch anybody wid Irish Sweepstake book pon them person them could get lock up.

After a while we in Jamaica did get our own Sweepstake too. Firs' prize twenty thousan pound. Now in them times children were expected to be seen an not heard but when sweepstake ticket come out if yuh want to be seen an heard then start talk 'bout the dream yuh had las' night. Everything yuh sey will get translated into numbers an if any combination of numbers look interestin' then the search is on for tickets to match.

One time a carpenter man that use to do work pon a bench that him set up in the yard – him use to specialise in makin' sash windows – claim that him get a rake from a dream ah was tellin' him 'bout an him stop what him was doin' an leave the yard. When him gone I realise that in the talkin' him did tek him square an pencil an mark the wrong side of the piece a board them that him goin' chisel out the hole them in fi join them. I use to watch him mek every window from start to finish every day so, likkle as me was, I did know seh him did do something wrong. Ah decide fi set up an wait fi him till him come back.

49

Ah wait an wait an wait. Ah even drop asleep inna the wood shavins under the work bench. Ah did like that because ah did love the smell a pitch pine wood that wi use to get them time. Evenin come an the man never come back. That night ah go to bed an dream that ah couldn' sleep an ah was res'less all night. Nex' mornin firs' thing ah was up an out.

Later awn to my surprise instead a the carpenter man that I use to, another man come an start work pon the window frame **them**. Ah run go tell him that him mus'n trouble them because is the other carpenter man own an him good naturely tell me. . . 'Is alright sonny. . .' Ah realise ah start off pon the wrong foot. Wid tears inna mi eyes ah try tell him 'bout the other man mistake. Him gently lif' me up an carry me screemin' go gi mi Granny. Ah get put fi siddung inna a corner. Talkin' back to a big person was a criminal offence them days. Ah cry m'self to sleep in the corner.

Ah wake up an fine m'self inna mi Granny four-poster the evenin. When ah check outside, the man them gone an the window frame them fit up. Next day ah get a lovely pull cart mek outa pitch pine wid all board wheel fi a present. The carpenter man mek it himself.

Ah was right. Him fine out him mistake. That was better than winnin' the Irish Sweep that day when me was a boy.

2.   A Singing Gig

A Singing Gig

WHEN ME WAS A BOY – LIKKLE BOY – me did go to a whole heap a schools in this town. This was because ah was the only child that use to live at three yard. Mi two Granny and my yard. One Granny was a sort of restless spirit who never like to be a tenant inna nobody yard fi too long so whenever ah spennin' time with her an haffi go to school, ah go to the school nearest to where she live. An she did live everywhere at some time or other. Dem days people coulda fine a place fi move to overnight. Good place too!

Well anywey mos' of the school them that I did go to was coeducational – have boy an girl mix up – except St Aloysius. An even that one did have boy an girl in baby school. Now in all them schools there was games that boys play an that girls play. Boys never skip rope an girls never play Keeping Up! Y'know, 'C well lash inna calabash. . .' An so on wid the piece a orange pulp or mango seed.

There was only one game that yuh woulda get a mixture an that was Chebby. Firs' of all fi get inna that game yuh haffi can run. An yuh did have some fas' girl pickney yu know. When yuh leave yuh base an yuh fresh and yuh tek after one a them fleet-footed girl an she outdistance yuh, an pon top a that you get kill by another, one who fresher than yuh and jus as fas', doan feel nuh way for some a them did good.

But of all the games that divide the sexes an at the same time separate the men from the boys, no matter what size they may be, was one name Spikkle. Yuh play that wid gig. Me never si a girl play wid gig yet!

Now a gig or top is a joy when you can play it good. I was a great admirer of any boy who could make a good gig. Not like the cotton reel one, that is cheese. A lignum vitae gig weighin' about a quarter poun' that can sleep even in dirt an have a nice dull hum when it spinnin'. What nicer than that? Y'know come to think of it me nuh si nobody a play wi gig nowadays. Is what happen?

Yuh carry yuh good gig inna a game a Spikkle an if it ever get damage is worries y'know! Spikkle is a game wey yuh draw a circle pon the groun' an yuh drop in a spikkle inna the centre. That is usually either a piece a wood chip or a dry mango seed. The idea is to spin yuh gig and mek it hit the spikkle. If yuh gig fail to spin or if yuh cyaan raise it while it spinnin' and drop it pon the spikkle in the ring, then your gig become the spikkle. That is grief! Sometimes a game start with just three a yuh an as soon as a gig turn spikkle yuh si gig of all shape an form a try plug that gig. An some a them, them plug sharp. Before yuh know it, the spikkle gig chip up bad or bore up or even split.

Me still have a likkle lignum vitae gig inna my trunk from when me was a boy.

A Game of Marbles

WHEN ME WAS A BOY – LIKKLE BOY – one of the most entertainin' pastime was a game a marbles. Y'know, Taa. Whether it be 'Pitchins' with two stones on the street comin' home from school, or 'Ringas' – 'Ring an Line' some call it – when all the 'Melosi Prem Prem' and 'Ironie' come out, or 'Bounce-Back' against any lively wall or concrete step with yuh 'Gulgie'!

Now Kingston marbles different from country marbles or 'Knuckles' as them call it. That's the one where yuh use yuh big thumb and flick the marble off yuh index finger when yuh knocking out the cashew nuts out a the ring. No, we never play it so.

When we playin' Ringas for instance, yuh draw a ring pon the ground and a straight line about five yards from the ring. Yuh drop yuh set in the ring – which can be one, two, three or four Melosi Prem Prem, depending on how rich yuh are in marbles – and in turn yuh pitch toward the line from the vicinity of the ring. The one that get his Taa nearest to the line is the one who get first chance to pitch toward the ring from the line and try to knock out the Prem Prems in the ring. What yuh knock out yuh keep. The object is to knock out more than yuh set.

Another way to win is to knock or 'hook' one of your opponent's Pitcher – usually a 'Ironie'. Doin' this that game done and all the sets are yours. If anybody was still at the line waiting their turn to pitch after you 'hook' them they 'stick on the line' while you have to 'pitch' again to the line from the ring for the next game. That give them the advantage for that game for they are already on the line. But if is 'everything game' yuh can ask them to put down their Taa on the line that yuh can 'ave a try at hookin' it off the line. If yuh do that then the advantage becomes yours and yuh get first turn to pitch at the ring.

Now in Bounce-Back yuh not only could hook on a

rebound from the wall or step but yuh could 'spawn' as well. That is to get your Taa to end up near enough to your opponent's to be able to spawn from one to the other with a finger an thumb. Usually when yuh hook yuh get paid two – of whatever yuh playing fah. For spawn yuh get one. Then there is hook an spawn – that's when yuh achieve both feats. For that yuh get three, of course.

Apart from playin' the game fi marbles or slate pencil another rich prize was 'box front'. Box front was the front side of the cigarette packs. Cigarette used to come in packs of ten then. Yuh cut that off an collect them. The best collection is the one with the most variety of cigarette brands. Yuh could 'ave Polo, Cricket, Humming Bird, Gold Flake, Zephyr, Four Aces, Royal Blend, Navy Cut and Needle Point. Collectin' and swappin' box fronts was a pastime in itself. When yuh go in a marble game with yuh fresh stack a box front an yuh lose it off yuh get one chance to stay in the game. Yuh get a 'par', or 'yuh deh pon yuh back'! If you lose that game then 'yuh back sail'. You're out.

Many a man use to shed tears fi him box front when me was a boy.

My Feathered Friend

WHEN ME WAS A BOY – LIKKLE BOY – mi mother did give mi a likkle canary bird inna a cage. That likkle thing coulda sing! We did have a nice big lignum vitae tree near the front side of the upstairs house – on Windward Road where Desnoes an Geddes did have a establishment almos' direc' opposite where J. Wray an Nephew did have one. The two of them was great rivals in them times. My mother was in charge of the D & G one. Them did build a gas station pon the site some years later.

Anyhow, mi get this bird an them tie the cage pon a branch a the tree near mi bedroom window upstairs. Firs' thing in the mornin' ah push up the window an put some stale bread crumbs inna the cage an listen to it sing out him heart. Every mornin it was the same thing. As soon as the window push up ah can expec' to hear mi mother voice from somewhere downstairs, 'Bully, mine yuh drop thru that window. Ah sorry ah ever mek them put that bird up there, ah goin' to move it.' Is so them use to call mi when ah was likkle, Bully. Ah did kina fat. Me never use to pay 'ar nuh mine, me just siddung by the window-sill wid mi han a mi jaw an listen to him sing.

Them days yuh use to have three kina window. The wood jalousie window or 'blind', the wood frame glass window that yuh push out or pull een to open an the sash window. That one is the boss! Sash window have wooden frame an glass pane too, but instead a push out or pull een yuh push it up or pull it down. It work on a counter-weight pulley system with sash cord – that's a kina half-inch thick rope – connec' to the window frame an the pulley. Yuh can't see the pulley for that fit into the wall. Every sash window mek the same screamin' soun' when yuh open them.

Well sah, one Sunday mornin' Mamma an Daddy carry mi down to seaside which was really at the end of wi back yard, for from the back of our yard to the beach was open lan! Me one couldn' go down dey though. When wi was leavin' I mek sure to tell Agatha – the lady that did jus come from country an was workin' with Mamma – to feed the bird. Ah tell 'ar that she could give it a piece a banana. Him would eat ripe banana an ripe mango sometimes. Well it was going to be a before-breakfast sea bath, an that Sunday mornin breakfast was goin' to be liver an green banana wid choclit tea an Johnny cake.

When wi come back the firs' t'ing I do was to run upstairs through the back door to go look fi me feathered friend. When ah reach the window an look inna the tree, no cage! Ah run down to Agatha an ask har, 'Wey mi bird?' She sey she couldn' get fi feed 'im inna di tree so she tek dung di cage an it deh pon the front veranda. When ah go ah see the cage door open an the bird lie dung pon him side wid him beak wide open an a big chunk a crush boil green banana stuff up in deh. The poor bird strugglin' to both swallow an breathe. The bawl ah bawl everybody run come. Agatha sey the bird wouldn' eat the green banana so she had to feed him. All Agatha keep sayin' was, 'Tap di bud a ded. Unno ko yah di bud a ded.'

Daddy manage to get out mos' of the banana but my canary never sing another note fi the nex' two days of him life. Ah fine out what heartbreak was that Tuesday mornin when me was a boy.

A Child's Pet

WHEN ME WAS A BOY – LIKKLE BOY – my Granmother never lay har han' pon me in anger. But through she ah use to get some tearin' from mi father regular. Y'see him was har favourite child. Firs' boy an firs' child. An of course him will do anything him mother sey.

So when I spennin' time wid har an him come dey, which is almos' every day excep Sunday, an she tell him that ah deserve a beatin' because ah do such-an-such, him stop whatever him doin' an ah get it. Sometimes it never so painful but it use to hot me.

Ah memba one day im come in under two water an him bring a cardboad box wid some young puppy inna it. One a the puppy them was fi me. Him was in a very good mood an me an him was talkin 'bout an playin' wid the puppy dem while him was eatin' him lunch.

Well Granny Ada choose that time fi come tell him 'bout something ah shoulda get beatin' fah. Him stop eat, pick up one a the puppy, start pull him belt buckle, get up from the dinin' table an sey, 'Come wid me.' Wi go roun' the back a the yard under the coolie plum tree – that was roun' Stephen Lane jus behine prison down a Tower Street – an him tek off him belt an start throw lick pon the trunk a the plum tree.

After 'bout four blow pon the tree – me stan up dey in wanderment – him turn to mi an sey, 'An doan mek ah hear yuh gi yuh Granmother any more trouble or ah skin yuh alive!' Then him gimme a sof clap pon mi bottom wid the belt. Mi frighten an me start bawl thinkin' that more to come.

Him smile an han' mi the puppy an sey, 'Now get out of mi sight before ah gi yuh somet'n to bawl fah.' Is then I ketch the rake. Ah was 'bout four years old an that was the day that me an mi father become frien'. Ah hug up mi puppy an run under the house.

Them days them use to buil' house wid 'house bottom' that yuh could go under. That was mi firs' dog.

A brown bitch that ah call Rover.

An yuh know something? Come to think of it, ah can hardly remember ever being without a dog as a pet from that day when me was a boy.

Digging Songs

WHEN ME WAS A BOY – LIKKLE BOY – an goin' a school, whether yuh in slate or exercise book, if yuh mark absent less than five times fi di term you get a star for attendance.

On the other han' if is more than twenty times yuh absent yuh get a thing them call a order mark. If yuh get too much order mark is stay in after school as punishment, an too much of that is a stretchin'.

Needless to say yuh always try to avoid the punishment or better still earn the star. When yuh get a star fi anything yuh quick time mek it known at home because that is a sure guarantee that the savin' box goin' to be richer by at least a fip – that's 'bout three cents. Order mark yuh keep to y'self.

Well if anything can mek mi late fi school or even absent is if on mi way I come 'cross a group a men wid pick axe diggin'. This is the prettiest thing to behold an to hear. Only NDTC coulda perform anything look so good.

Yuh have a line of up to say twelve man with pick-axe an one leader or shouter. His job is to keep a rhythm goin' an the diggin' men work to that rhythm. To see twelve pick-axe raised in unison an come down on a beat with the accompanying 'Hhhhm' is a joy to watch and listen to. People, young and old, would stan up an watch it for hours.

Then, of course, the more the people enjoy it the better the diggers perform. That time yuh get all the fancy trimmin's. When the pick-axe go up in the air yuh see it spin roun' and when it come down is the right point it land pon. Then the song is not only melodious but harmonious as well.

Put on top a that, it funny. There is no way that yuh can leave without hearin' the next verse or seein' the next dance step of the shouter who is not only keepin' the rhythm goin' but also directin' the diggers where to throw the axe. The only time yuh get a chance to be released from the hypnotism is when them stop to drink water.

While that happenin' the shovellers move in an clear away the asphalt or dirt. That come like show done an that group a watchers move on, if them have anywhere goin'. There is always a upturned cap or ol' felt hat within easy reach of the bystanders to receive the odd penny or whatever. They doan actually beg but the show solicit a contribution. That buy lunch, rum an cigarette.

By this time y'know yuh late fi school. If yuh lucky you can hear school bell a ring an yuh tek off full speed an doan stop till yuh reach yuh seat.

Fi the res' a the mornin' yuh find y'self movin' an even thinkin' to the rhythm of the diggers an yuh hope that when school let out in the afternoon yu'll be in time to catch them when them fillin' up back the hole. That's another show again.

Most of the theatre was on the streets when me was a boy.

Slim and Sam

WHEN ME WAS A BOY – LIKKLE BOY – wi didn' 'ave nuh TV. Wi didn' 'ave radio even. Every household – rich or poor – use to supply it own entertainment. From readin' story book to sewin'. For me know that watchin' my mother do cut-work embroidery was a lotta fun for me, especially when she mek me 'elp her by pedallin' the upright Singer machine.

Everybody had a sewin' machine – either the han' one or the foot one. Some house had in piana an some had Victrola. The real well-to-do had both piana an Victrola. The Victrola was forerunner of the radiogram without the radio. In fac' it was so-so gram. A gramaphone. It work without electric, yuh jus wine it up, wit' cabinet where yuh can put record. The record dem did have only one side wid line pon it. The other side did smoode an shine, an dem did big an heavy an easy fe bruck. If yuh want fe turn the volume up or down all yuh do is open or close the Victrola cabinet door dem.

Some people house didn' have the Victrola, dem jus had the table model. That one did come in a sorta black bumpy bumpy kine a fabric over thick plywood. That was the portable radio at the time. Yuh could a tek it anywey. Even pon picnic. Jus latch it up, grab the handle an yuh gone. Them was the lates' model to the other one dem dat did have a big horn speaker thing wey the soun come out. So when nightfall come yuh could walk up a street an hear anything from piana, to vylin, to gramaphone comin' outah the drawin room dem. An in some house singin'. Sunday night of course yuh doan hear nutt'n.

Now in the daytime the entertainment was on the street. Outside a de music of the street sellers – the fisher 'oman, food 'oman, bokkle man, coal man, oil 'oman, tripe lady, ice man, candy lady an the solderin' man who also sharpen scissors an clean clothes iron – who did all have them own tune that them cry out wid 'long every residential street an lane. Yuh also had people who use to play guitar an sing.

The mos' famous in Kingston was Slim an Sam. Whatever was the lates' happenin' Slim an Sam would put it to music an by nex' day them sellin' tracks wid the lyrics fi penny a copy an in no time at all everybody singin' the new song. Slim an Sam, one was tall and mawga an the other one shorter an fat. A perfec' pair singin' in perfec' harmony. The two a dem play guitar but when there was a demand from the crowd for the penny tracks – which was most always – only one would play while the other one sell. But dem would be always singin' together.

Ah suppose Slim an Sam was the neares' thing to calypsonians we did have in Jamaica when me was a boy.

Tall in the Saddle

WHEN ME WAS A BOY – LIKKLE BOY – me didn' know what me wanted to be when me grow up. One day it was this an the nex day it would be that. Especially if them carry mi go a pictures! By the time me reach home me want to be anything that the 'star boy' was. If is cowboy, is cowboy. If is detective, is detective. If is lawyer, is lawyer. Whatever. Because a that me use to watch everyt'ing people do when them workin'.

F'r instance, me learn fi drive car mostly by watchin' mi father. By the time me turn big an really tek over the control of a motor car fi real real nutt'n never strange to me. One a the time them ah did think that ah was goin' turn a race horse jockey but a mare an mi mother soon put a stop to that. Y'si me an mi big cousin Lloyd use to get up early before day in the mornin an go with 'Daddy Mac' to Knutsford Park go watch the horse them train. Boy that was excitement.

'Daddy Mac' was the champion jockey them days an him did live pon Mountain View Avenue an my cousin did live near him. Now my mother never know that is that me doin' when I go spen' time wid Lloyd them. Them time is every month or so yuh use to have racin' a Knutsford. The track was where New Kingston is now. The gran'stan did dey jus wey Wyndham is come all the way to the Esso station, an roun that area was the paddock them. It did well pretty. Pure grass but them did have a sand track pon the inside.

Well sah, one mornin me go beg a ride an them put mi up pon one a the horse them. The firs' thing wey ketch mi was how high up inna the air ah was. Tell yuh the truth ah did kine a fraid but me si some boy likkle like me a gwan like sey them did born pon horse so me gwan like me know what me doin' too.

Now my cousin was the type a person who gwan like him know everything. Him a gi me instruction like sey him a groom. 'Jus keep the rein tight an him wi stan up.' The animal I was on was a mare, a she, so that tell yuh how much him did know. Me long time have my foot inna the stirrup them an mi knee them squeeze up tight tight 'gainst the saddle side.

Then somebody sey, 'Walk him likkle bit.' Well me si cowboy show an me watch the real jockey them a mornin time so me nuh tek mi heel and nudge har inna har ribs. Si ya, the nex' two minute las' a whole lifetime. The mare move off an start trot. Ah think mi neck was gwine bruck. Ah jussa bounce up an down pon har back like rubber ball. Everything in front a mi a jump up like sewin' machine needle. Somebody sey, 'Hol' the rein tight!' Who tell mi fi go dweet? She start to canter now. Well from deh so to when she stop ah get mi bottom bruise, mi chess batta an a bite mi tongue 'bout three time when mi chin buck up pon fi har neck back.

Inna the grey mornin light ah see she was headin' towards one a the big tambrin tree them an it look like she was jus gettin ready fi enjoy herself roun the track. Well me wasn' goin' wid har this mornin for the more she run the more wi goin' way from people. As soon as wi reach under the tree me leggo the rein an grab awn to two hanful a tambrin branch an hole awn fi dear life. Everybody laugh an sey how mi good. But I was good fi only one ride.

When mi mother hear 'bout the adventure she pack me off back home in tears an liniment. From that mornin the only time me ever get a chance fi get back inna the saddle pon a horse is when mi deh pon merry-go-round when me was a boy.

My First Bicycle

WHEN ME WAS A BOY – LIKKLE BOY – my father did have some funny way sometimes. F'r instance if ah come home an sey, 'Daddy, teacher sey ah mus bring sixpence come to school tomorrow for a new copy book,' an him sey, 'Hm Hm,' den yuh know is serd yuh serd . . . yuh naw get it. But if yuh hear him start rake an ask if yuh si him 'look like money tree' or if him ask, 'Wey ah mus' get it from?' then yuh nuh haffi worry, yuh naw leave out a the house without that sixpence tomorrow mornin. Yes Daddy use to gwan cute sometimes when him ready.

One day most of all him surprise mi cyaan done. Him gimme a bicycle as a present. Ah frighten! It wasn' mi birthday, it wasn' Christmus an me never did do nutt'n special fi deserve it. Put toppa that, ah didn' even learn fi ride yet. Well ah didn' know wey fi do wid m'self that mornin when ah wake up an fine this bicycle in mi room beside mi bed. Everybody was all smiles when them si the look pon mi face. Mi granny sey, 'Watch him nuh, poor t'ing him doan know what to do wid himself.' She did right but fi the wrong reason because y'see I figga that the bes' way to show my joy and thanks was to jump on pon it an ride wey, but ah couldn' do that. Ah didn' wan' let down mi father but no way ah goin' go chip an bruise up m'self an feel shame in front a everybody when ah fall down.

The firs' thing ah do was grab a piece a cloth an start clean it down. Now new bicycle doan need cleanin' but at leas' ah was doin' something wid it. After Daddy gone the mornin my cousin decide to teach mi to ride. Him show mi how ah mus' mount an him ride roun' likkle bit an then him tell mi ah mus' try it. Firs' attempt, grief! The pedal fly roun' back way an clout mi pon mi shin. Ah si stars. Ah get knot up wid the hangle an the front wheel wid mi han tight tight pon the brake an everything crash.

Mi cousin unravel me an it an then proceed to show mi the right way to do it. Him mount an ride roun the house one time then turn through the gate, up the road an that was the las' I see him that mornin. Roun lunch time him come back an sey is my turn now. One more trial an one more failure an him repeat the lesson an ah doan si him again till near nightfall. This go on fi few days well. I try, I drop, him mount an him gone.

Well one day I strike. Nubody naw get mi bicycle till I learn fi ride. So him try a new tatics pon mi. Him mek mi siddung pon the saddle while him hole mi up an push mi. Now Upper York Street in Franklin Town did have a nice grade from Lennox Lane go down to Victoria Street. Him hole mi up an run beside mi down the grade while I a try fight off the pedal them fi get them go roun.

One mid-mornin while ah goin' down the grade ah look beside mi an si mi shadow on a fence an realise that nubady wasn' holdin' mi up an who was suppose to be running beside mi was way behine an is there it start. Ah finish up in some people mesh wire fence heng on tight but from that day ah never look back. Eventually one day ah decide fi race Daddy car from Deanery Road down to our gate. Ah win but ah lose the bicycle. Daddy tek it wey from mi. Him sey when ah learn fi stop do foolishness ah wi get it back.

Yes, my father did have some funny ways when me was a boy.

Rainy Days

W<small>HEN ME WAS A BOY</small> – <small>LIKKLE BOY</small> – we didn' have nuh television fi watch so yuh fine that other than when yuh doin' homework roun the dinin' table or readin' comic book pon the veranda we never use to inna the house much. Outside activity was our thing. Whether is under the house, up inna a tree, pon the housetop or inna the yard. Once yuh come outa the house in the mornin yuh only go back een fi eat or sleep when night come dung. In fac' the house was a punishment area inna the daytime. When them tell yuh, '. . Walk inside an go siddown!' that is like jail. All yuh can do is look out through the window an when anybody si that them know sey is rude yuh rude an inna punishment.

Of course when it rain is a different story. Everybody haffi stay inside an the jalousie window blind them haffi shut an the door haffi turn – that mean not quite shut – fi keep out the cold draught from blow een. But that never too bad because at leas' that time yuh have company. The girl them wi tek out some ole dolly – the one them that use to mek wid the cloth body stuff wid sawdus' or straw, an the head an han' an foot them mek outa a kine a pink rubber plastic like.

Them days fly high fly low yuh couldn' fine nuh dolly that did mek outa nuttin' in a dark colour. Nuh care how the girl chile black is pink skin, straight hair, blue eye dolly she a sport. Nowadays when me si dolly mek black that not only can sleep or say Mamma when yuh turn it over but can drink outa nipple bokkle an yuh haffi change them nappy because them wee-wee an if yuh tek the bokkle outa them mout them bawl an flatter an gwan bad till yuh put it back inna them mout' like real baby, me wonder. Fi mi live fi si dolly work offa battery. Well, sah.

Anyway, we boys wi fine some ole half mash up train set wid some a the line missin' or a fire engine wid only three wheel or even wi cotton reel wheel, the one wid the big cotton reel a the bottom an the wire that form the axle, an the handle that yuh hole and push, it have awn four or five likkle cotton reel that res' pon one anadda an the las' one res' pon the big reel an when it turn all a them turn. Likkle after that, voice start to raise an screamin' start to tek place because somebody train an somebody dolly meet inna accident, fi spite.

At the heights a the bedlam yu goin' hear a voice sey, '. . .unno stop the confounded noise inna mi head an mek mi ears eat grass or ah goin' tek out the strap to unno!' Dependin' on how long the rain las' yuh know that somebody goin' get a likkin before the day is out.

The thing I use to fine is that if ah siddung one place too long an jus listen to the rain play music pon the zinc roof mi drop asleep quick quick nuh matter what time it is. Usually when night come dung yuh haffi wash up an go inside but pon a rainy day since yuh already inside all day yuh only jus wipe up wid a damp cloth an yuh clean yuh teeth at the washstan' wid water from the pretty goblit throw inna the basin to match. After that is bedtime.

If the rain still comin' heavy an if lightnin' a flash an t'under a roll, yuh get a chance fi sleep inna the big bed wid Mamma an Daddy because yuh sey yuh fraid. Yuh squeeze between the two a them under the cover an yuh warm as fresh bread. Nex' mornin yuh wake up in yuh cot an yuh doan know how yuh get there.

It seem that the rain use to come Saturday an Sunday an hole up Monday mornin so that yuh haffi go a school is what me remember when me was a boy.

Reaping From What you Sew

WHEN ME WAS A BOY – LIKKLE BOY – from ever since me si my firs' movin' picture me love go movies. If yuh want me do anything fi yuh jus promise, mi that yuh goin carry mi go to a show. Even if ah seet aready mi wi seet again an enjoy it same way. One time when a kertisy cousin ah did have name Vin was working a Carib an him use to let me in through the side door after the light them turn off. When them was showin' *Gone with the Wind* me seet eleven times. Ah would a seet again now if it a show. The picture that mek the firs' big impression on mi was *Captain Blood* wid Errol Flynn an Basil Rathbone. When yuh laas swordfight, you fin' it inna that picture! Sword-fight pon ship, swordfight pon lan'. As yuh sey fey, swordfight.

Them days if is not a big swordfight fi end the picture is a cowboy an Indian or police an tief gunfight or is a big fis' fight. When it come to that ah remember two picture wey the fis' fight las' an las' an las' till yuh tiad. *Pittsburgh* wid Gary Cooper an Randolph Scott, an *Desperadoes* wid Glen Ford. Them days was fis' fight.

But if yuh wan' see nuff fis' fight an plenty ju-jitsi yuh haffi si Serial. Is them did bad. Serial like *The Spider Strikes, The Iron Claw, Phantom, Spy Smasher, Guns of Fu Manchu, King of the Royal Mounties.* A Serial is an action adventure that come in twelve to fifteen Chapters. Eack week, pon a Tuesday at some theatre an a Thursday at others, yuh get three chapters. Each chapter end with the star boy or the star girl or one a the good guys in grave danger of death set up by the bad guys. Nex' chapter yuh si how them escape. Sometimes the talkin' point a school fi the whole week is how them goin' get wey outa the las' one.

Is Serial mek mi learn fi do embroidery pon sewin' machine. Y'see ah did have a auntie – Aunt Sissy – mi father sister – that was a dressmaker an she did have a likkle establishment in one a the room them in the

Gores buildin' on King Street, likkle below Parish Church pon the same han'. Aunt Sissy use to specialise in 'cut work' machine embroidery an she did good. She did always have plenty customer. Well, when I want a smalls ah coulda always check Aunt Sissy. Sure fi raise if is even a shilling. But when holiday time comin' on an yuh check har, yuh cyaan jus gwan like yuh only come check har fi the money, yuh haffi mek har feel that yuh willin fi help har through she so busy. Although she mighta have some girls wid har learning trade there was always too much work an she use to miserable. Put toppa that she did mean, but she did like mi.

So me use to do things like tek the magnet – a thing that all dressmaker use to have – an pick up the common pin them scatter all 'bout the place. Sometimes ah stay wid har till late a night an Daddy wi come pick mi up. Aunt Sissy didn't have nuh husban or boyfrien' that me coulda si but har two daughters, Carmen an' Pearl, did bigger than me.

Well through me use to watch har when she workin' me did know plenty so one evenin while she was fittin' a lady an she leave some work that she was doin' pon the machine me start to embroidery the pattern that did trace out pon the cloth that did stretch tight inside the two bamboo ring them. By the time she done an come see what ah do she frighten. The only trouble was that the pattern was intended to be a 'cut work' style but me did full up the space them wid thread instead.

Sometime them use to pay me fi get rid a mi when me was a boy.

No Luck With the Gun

WHEN ME WAS A BOY – LIKKLE BOY – the most popular toy for a girl was a girl dolly – me never see a boy dolly yet, – an the most popular toy for a boy was a gun. Yuh coulda get all kine a toy gun, from air rifle to water pistol. Gun fi carry inna yuh han', gun fi put inna yuh wais', gun fi put inna holster, gun fi put inna pocket. Big gun, likkle gun, tinnin gun, iron gun, gun wid chrome metal and pearl an ivory handle, gun wey jus black, machine gun, 'G' man gun, cowboy gun, repeater gun or single shot gun and two type a cork gun.

One have the cork shot tie awn to a piece a string an when yuh crank the gun an put in the cork, like yuh cork a bokkle, an pull the trigger it mek a poppin' soun' as the cork fly out. Wid the other one, the cork shot did have in gun powder an when yuh fire it it mek plenty noise an fire gash outa the muzzle. That was the firs' type a gun fi get banned. It was dangerous. If yuh fire it too near anybody dem could a get a bad burn. An even when it didn' have in nuh shot it use to cause trouble. The firin' pin was a sharp iron spike an it did set pon a strong spring so if yuh mek mistake an pull the trigger an yuh finger inside the muzzle yuh can get a very bad juk.

Now inna them days nobody never know nutt'n 'bout 'gun crimes'. The only people wey carry gun was those who goin' go shoot bird a bush or 'Busha' pon him mule a ride 'roun property. Not even police use to wear gun an soldier only carry gun pon parade. So whenever yuh si anybody wid a gun it was a toy. 'Cowboy an Indian' and 'police an tief' was the favourite boy game roun' Christmus time. Yuh cyaan too likkle fi doan have gun. Sometimes yuh si a likkle boy jus barely bigga than the gun him have awn.

One Christmus me did si a pair a gun that me did badly want. Real 'Lone Ranger' repeater wid a barrel wey yuh can spin like them cowboy an it fire a roll a capshot. Then them come inna holster too, complete wid cowboy leather belt. Strap on that an walk down King Street Christmus Eve night an yuh is big shot. Needless to sey them gun dey was way outa my parents' price range but boy ah was jus prayin' that somebody coulda gimme them fi a present.

Well Christmus Eve day ah get mi firs' present. A single shot 'Davey Crocket' gun mek outa cast iron. Different from everybody else own an it did pretty too but it wasn' the 'Lone Ranger' that ah wanted. Whole day ah show off mi new gun till ah run outa shot. Thru me claims me smart me decide fi mek mi own shot.

Ah get some clappas an cut them open an pour out the gunpowder pon some likkle piece a paper an put that inna the hammer. After 'bout the third time ah fire it the hammer fly off an barely miss lick out mi eye. That gun dun. Not even one day ole. Ah cyaan tell nobody for them wi sey that ah too destructive an that them not givin' mi nutt'n again. Christmus Eve night a frien' of the family gimme another gun. Ah likkle snub nose revolver that the barrel can flip out an flip back in like what detective use. By Christmus mornin the spring that operate the barrel bruck an it drop out.

Well on the way to Christmus market me get permission fi open my savin box an ah tek out every penny. The intention was to buy m'self a gun outa one a them stall roun' Parade. Ah couldn' afford one. Every one that ah see that ah want was outa my pocket range.

When wi get back home – mi face sour like vinegar –me go cut piece a mango branch an strip some coconut palm an mek m'self some bow an arrow.

Fi the res' a the season me was the best Indian roun' my way that Christmus when me was a boy.

Disagreeable Mango

WHEN ME WAS A BOY – LIKKLE BOY – most a wi did learn fi balance pon bicycle by ridin' bearins wheel skate. Now a bearins wheel skate is not something wey yuh can buy a shop. No sah! Yuh haffi mek it y'self or get one a di bigger bwoy dem mek it fi yuh. . . Me did lucky for me did have mi big cousin – Lloyd – dat did mek mine fi mi.

Yuh si Lloyd? Him was beas' back a mekkin' tings y'know. From dolly house, to bow an arrow, to sword, to truck. Now is deh so im did bad! Any new moggle truck dat come pon di road, Lloyd can mek a play-play one dat look like it. An fi wi truck dem did all have een real-real light; so we could run our own pon di road even at night.

Well one time dem did bring out some upstairs Diamond T country bus dat everybody did marvel at . . . How it nuh tun ova when it tek country road corna? Well Lloyd him decide fi mek a Diamond T. Now me use to mek my likkle tings dem too – fee-fee out a coconut palm, calaban fi ketch groun' dove, slingshot and cowbwoy gun. When I mek my cowbwoy gun y'know, it have down to holster fi put yuh belt through so yuh can wear it cock-off like Charles Starret or Tex Ritter. Sometimes ah use to mek police an tief gun too but dem didn't ave nuh holster, yuh jus shove them inna yuh wais'.

So me dear sah, while Lloyd was labourin' pon im upstairs bus, me decide fi mek a new gun. . . a 'anti-aircraft' gun like wey yuh see inna war picture. Now there was a East Indian mango tree in the yard that we bwoys was forbidden to climb. (East Indian mango use to sell fi all three shillin' and three and sixpence a dozen and the money from one crop go towards taxes and water rate and such.) Well when me done mek my anti-aircraft gun me nuh decide fi try it out pon a East Indian mango up inna di tree. Si here, when yuh laas a mango it disagreeable! Yu'know ah fire 'bout four stone into that mango an it wouldn' drop!

When my father come home and look up inna the tree an see the good-good mango wid the juice jus' drainin' out him call us and ask how it happen. Well me explain to him how it happen an him ask mi fi show him how the gun work. When ah finish him look pon mi good an teckin' off him belt him sey . . . 'Well bwoy yuh teach mi someting today and I goin' teach you someting an it is this . . . he that live for the gun will get punish for the gun . . .'

I got a tearin' and Lloyd got ten shillin' fi fi him bus.

Hope Gardens

W<small>HEN ME WAS A BOY</small> – <small>LIKKLE BOY</small> – goin' to school, is one ting me always look forward to an dat is school outin'! An my most favourite place of all was Hope Gardens. Firs' of all the Tramcar ride to Hope Gardens was excitement in itself. The ride long an it pass through some place that a downtown schoolboy doan get to see very often. Then when yuh reach! Boy! From the gate right up to the main park is like a different world. I use to t'ink to myself that that mus be how the Garden of Eden did stay. When yuh look pon the bloomin' flowers bed them and the water lily in the big long fountain; an the fish! Now that was my favourite part, the Aquarium. From shark to turtle. Big fish, likkle fish, pretty fish, ugly fish.

Them times them didn' 'ave nuh zoo up there. That was down Institute pon East Street. Nor nuh Coney Islan' Park, jus gardens.

When yuh go on school outin' yuh always mek frien' wid some of the children from other schools from country or from town. Girls of course. Me always pick pon the country schoolgirls because them always look pon the town boy like im is something special, an since is not the firs' time you come an is always the firs' time them come, you go on like the place is yours an yuh show them all the secret places an short cuts an carry them in the maze an show off how yuh know yuh way in an out.

Now them time Hope Pastures was really that, pasture! Pure Bombay mango tree and long grass. Well one time the country girl me did pick pon did 'ave a brother. Would the boy leave wi alone? Everywey mi carry the girl him deh deh. Some of fi him school frien' dem go discover the mango walk inna the pasture lan' an them raise some Bombay. Now Bombay is pedigree mango to a downtown schoolboy, so yours truly decide to go back with them to go scuffle some more, goin' on of course like me did know 'bout the mango walk long time. Never see it before in mi life, for them never use to allow us to go that far away from the main gardens.

Anyhow wi fine weself inna the pasture. Bombay mango squash under yuh foot every step yuh step. So yuh pick up this one an bite it, yuh see another one look prettier an yuh throw wey this one an go fi dat.

Now country pickney doan farm fool when it come to climb tree. Two-twos them up inna the tree them. Mango droppin' lef', right and centre. Biff, biff, biff. Me couldn' help but wonder how come so much ripe mango can deh 'bout an nobody nuh pick them up even. All on a sudden ah hear somebody give out, 'Green bush, green bush! Wass to raa!' An same time some screamin' start. Well me neva wait fi fine out if is true or not. Me tek up my two foot inna my han' an me tek off leave everybody.

Runnin' away from the scene as fast as yuh can is the one thing me did know fi do good, when me was a boy.

Sunday Special

WHEN ME WAS A BOY — LIKKLE BOY GROWIN' UP – Sunday was a special day. Not jus because yuh get to wear yuh good clothes up to two times fi di day or yuh might go fi ah Tramcar ride, maybe as far as Hope Gardens wid yuh Granny, an watch her wid great amusement as she quietly panic an pray as the tram sway from side to side at breakneck speed down the grade, forgettin' for a terrified moment how much she enjoyed the music of the Military Band while she was up deh, or because yuh did get a chance fi go wid dem bigga ones to seaside. No not necessarily fe dem reason, fantastic as those experiences were; but because the whole week seemed to point to Sunday.

'Wait till Sunday' or 'When Sunday come' were part a the promises that were able to ease any pressure from a demandin' child. Y'see from Monday to Friday yuh go to school but yuh parents work from Monday to Saturday. Come Saturday evenin is market an grocery time an meat seasonin' and pudd'n bakin' for Sunday. So yuh parents an guardian didn' have much time to spare to pay too much attention to yuh. But come Sunday is a different matter.

Sunday breakfast is special! Choclit tea instead a bush tea, fresh bread that buy Saturday night so it doan haffi toast, fry ripe or roast green plantain with callaloo an saltfish or liver or light with boil green banana. An everybody siddung round table fi Sunday mornin breakfast! After that meal if yuh handle y'self right yuh can get anything outa yuh father. Down to money. Then there's dinner. Stew beef, stew pork or stew chicken, that was alive up to likkle while – them days everything did stew – with, of course, rice an peas an lettice with oxheart tomato, boil beetroot an string bean. That wash down with new sugar and sibble orange bevrage.

Now Sunday yuh have breakfast, dinner an supper,

an between dinner an supper is where the real fun is. That is where the ice cream bucket come out. Everybody have a vested interest in helpin' to make ice cream pon Sunday. The fan! Big or small everybody head fi the fan after the ice cream dun freeze. Of course it always finish up with everybody gettin' a lick.

When the cream dun freeze an the bucket pack roun' with the crocus bag, after yuh throw off some of the ice water, an leave it pon the step, the next event to look forward to in the eating department is supper. The pudd'n, be it cornmeal or potato, an the ice cream.

The thing is that every week the same amount of ice cream mek an it is always too much. Yuh eat ice cream last thing before yuh go to yuh bed even.

Nuh wander me did so fat when me was a boy.

My Smart Cousin

W<small>HEN ME WAS A BOY</small> – <small>LIKKLE BOY</small> – all roun' this time a the year, goin' fi middle November, yuh use to hear the big people talkin' 'bout 'Christmus breeze' starting to blow. After a while yuh did get to understan' that is not necessarily the raw breeze that blowin' them talkin' 'bout but the preparation that have to start from now.

The dried fruit that come from foreign for the Christmus pudd'n that have to bake to sen' to foreign. Likkle after this the candy lady them roun South Parade across from Parish Church stop sell candy an is pure firm red juicy 'American' apple an bunch a grape start tek it place. Instead a 'hair pin, hair curler, fine teet' comb' on King Street, yuh start to hear 'clappers, thunderbolt, starlight, fee-fee, balloon'. Walkin' down King Street a evenin time when the store window dem light up yuh mout' run water fi di pretty things them on display that a cheerful Santa Claus is offerin' to young an old. By the end of the month the stall them roun Parade come out in fullsome wid toys an pretty paper hats.

Now as far as plenty parents are concern this is not the time fi go buy new things fi Christmus for them too dear. Them mek sure that them do most a the Christmus shoppin' from inna October an put it down. The only thing them buy during this time is Christmus wrappin' paper. Well the toys, yes, that buy December for them doan come out before that. But where clothes is concern what to buy, buy already. The problem of course is to keep us children from findin' out what, if anything, wi goin' get. We of course as children naw think 'bout that jus yet because we have plenty other things fi get on wid in the meantime.

Me did have a set a firs' cousin on mi mother side though, Olive, Lloyd an Marjorie, whose parents use to do things accordin' to set rules. Ah suppose wid them three children yuh had to. Them father, Uncle Frank, use to work a Gleaner an them mother use to go to church. The big people use to sey that when yuh have three children is the middle one that always give trouble. Wid these cousin it was the last one. Marjorie. She chat chat, she faas an she lie. Her favourite sayin' was 'Ah goin' tell!' The trouble is if yuh tell pon har she wi look straight in yuh eye an sey is not true.

Me did scared a Marjorie, sah. For when she ready fi invent a story yuh might as well nuh bother, is she them goin' believe. Marjorie would climb the guinep tree in the yard by the fence on Mountain View Avenue an wee on people passing pon the street. But tell her mother nuh, she sey is yuh throw water pon the people. Nuh matter how them renk.

Well, Marjorie parents buy up them Christmus clothes as usual from in October an put it away an her father give strick orders that nobody must wear a stitch till him sey so at Christmas. One day her mother was goin' down town an decide to take Marjorie wid har. Not only that but she tek out her Christmus shoes an give her a little wear if she promise not to tell her father that she wear it. No sooner than her father bus' the gate the evenin Marjorie run to him with finger flashin'. . . 'Daddy, Daddy guess what? Ah didn' go to town today wid Mommy an guess what? Ah didn' wear mi new shoes.' She didn' tell him that she did. Is smart she claim she smart. She tell him she didn't.

Some of us was too smart fi wi own good when me was a boy.

The Good, the Bad and the Onlooker

WHEN ME WAS A BOY – LIKKLE BOY – you did have two kine a children goin' a my school. The industrius an the onlooker.

The industrius one them come in two category, the good an the bad. The bad one them coulda always fine a new way fi hurt yuh. Them me coulda do without but boy is the other one them. An mos' times is not the bright an alert ones. Is the one them that look like them jus barely a 'hang on in there', as them sey nowadays. Them is the one them that siddung at the back a the class. When them get inna the school garden or when woodwork an sewin' or weavin' time come yuh cyaan stop them.

My favourites was – apart from the gig makers – the ones that use to make the belt outa cigarette box. Me wi gi them all mi box back them after me tear off the box front fi use as marble currency. Nuh care how much me watch how them do it me coulda never learn fi mek it. An it did so neat an look so pretty. Especially when them girls wear them.

Then yuh did have the cotton reel crochet. That one yuh tek a empty cotton reel an nail 'bout five or six likkle half-inch brad round the hole pon one side, then yuh tek string an wrap it roun the nail them in a certain way. Then yuh tek a bigga nail an use like a crochet needle fi knit the string into a nice strong, pretty, hollow rope. Them use this as belt too or tie inna them hair. That's the girl them.

Then there was the cricket ball knitter. This start wid a likkle piece a paper crumple up round a likkle tiny stone an tie roun wid string. From that yuh tie an knit wid string till yuh have a big tough cricket ball mek outa pure string. Las' long too.

But the one them that me did think was the most interestin' was those that use to cut two long slice in them leather belt an then plait it. Is that use to pretty. How somebody coulda know that them coulda do that was a mystery to me. Yuh have yuh good leather belt an yuh gone cut it wid razor blade! Then yuh plait it neat without destroyin' it an when yuh finish it look better than it was when yuh parents did buy it fi yuh? That one me couldn' help but admire.

Now the other industrius one them did attract attention too but in a painful way. Them always tek set pon the good natured trustin' ones. Them wi come up to yuh innocent wid him shirt pull up an sey something like. . . 'Hole this fi mi mek ah fix up mi clothes. . .' Yuh like a eediat si a harmless lookin part of a plant in him han' gone hole on pon it. Instead a let it go him drag it from yuh an before yuh know it yuh finga them full up a burr fasten inna yuh skin an a hurt yuh. Is devil horsewhip him have. Meanwhile him an him onlookers killin' themself wid laugh.

One time them was burnin' rubbish in the school yard an a boy tek a piece a wire an stick part a it in the fire. When him think it hot enough him hold the cool end that did leave out an go to a girl an ask her fi hold it fi him. When me see that she was goin' hold it fi true me quick time grab it wey. Of course I finish up holdin' the wrong end.

The mark inna mi han middle stay wid mi fi a long time when me was a boy.

Bird Bush

WHEN ME WAS A BOY – LIKKLE BOY – one a the things me use to look forward to pon a Saturday is a chance fi get fi go wid them bigga one to bird bush. Me did have my likkle slingshot like everybody else. A good straight lignum vitae crook wid rubber from a old bicycle tube – them bigga one own did have motor car tube rubber but me couldn' stretch them – an the part wey yuh put the stone was the tongue from a ole foot a shoes. Anywhere ah go that slingshot inna mi pocket. Wi use to practise wi aim shootin' after a condense can pon a piece a stick roun' the back a di yard.

Them days Richmond Park an Maxfield Park was pure dildo, cashia an sweetsop. Nobody never use to live there, an to a likkle boy from downtown Kingston up dey was country. Yuh get up early an when yuh drink yuh tea yuh put your crackers or tea bread inna yuh pocket for when yuh reach bud bush yuh goin' set springe an calaban fi groun dove. Them is traps. Sometimes yuh can catch some big fat one inna them.

Now fi them bigger ones the fun is not capturin' the bird them live but shootin' them down when them flyin'. Certain bird yuh doan shoot. Nightingale, pichary an doctor bud. Pichary because them sey that it have worm in him head an doctor because a superstition. Moreover,

> Doctor bud a funny bud
> A hard bud fi dead.
> Yuh pick im up yuh lick im dung
> A hard bud fi dead.

Now is one thing, me not goin' bud bush barefoot! An the other thing ah learn too is that it doan mek sense fi wear crepesole neither. Bird bush teach me that cactus makka have a way fi gwan like fish hook when it get inna yuh skin and the easies' way fi get it out is to wee-wee pon it. It come out by itself that time. Now is not every time yuh go to bud bush yuh goin' come back wid a bag full. Is like fishin', sometime yuh doan bag even feather.

Like one Saturday evenin me an me cousin comin' home birdless an hungry an come 'cross a likkle doctor perch pon a low limb. Fi di size a di likkle bud him couldn' even satisfy a puss kitten but jus outa cussidness because wi do a alibutton fi the whole day an since him so fasety fi come pitch so near wi, wi decide fi shoot him dung. See ya, is then ah really realise why nobody want try lick dung doctor. The bud was near enough that wi slingshot tongue coulda lick him off a the limb but shot after shot him jus lean, like him say 'slip yuh fool', an wi miss every time.

We so much a concentrate pon the likkle doctor bud that wi never see the man till it was almost too late. Coming outa the bush wid a savage look pon him face, a big ballhead wid a devil of a coco in the middle an a mout' full a bad wud, was a man wid blood inna him eye who was lookin fi who was firin' slingshot that lick him inna him head.

Crepesole or no crepesole I run through dildo makka like it was water that Saturday evenin when me was a boy.

A Country Lesson in Catadupa

WHEN ME WAS A BOY – LIKKLE BIGGER BOY – I did have a cousin who use to carry straw wid a fellow who use to drive truck for him father. Him did come from Catadupa an them use to see them one annada once a week when him come to town. Well after plenty beggin' an beseechin' my auntie decide to 'low her to go up to country wid him one Sunday to spen' a few days an meet fi him people. Only one thing though, she one couldn't go. Either har little sista or big brother or somebody else would 'ave to go wid them. Well har sister was studyin' fi sit har firs' year exam an har brother did jus get a job a Gleaner as a apprentis photo engraver so them get sheg. Is only me was free fi skull few days from school.

Them days yuh nuh drive go St James an come back a Kingston the same day. Well ah neva sleep a wink the Sat'day night. Is the longes' night me ever come 'cross from mi bawn. By the time Sunday fi dawn mi tidy aready. Well sah me couldn' believe sey a place could be so far. Is way down a go fi evenin before wi reach. If somebody did tell me that wi was not in Jamaica nuh more me woulda want believe them. Catadupa coulda be New York the way it did different. The people dem even talk different. Everywhere an everything smell a bush, wood smoke an a sorta sugar sweetness. The road was dirt an the night was the darkes' an loudes' me ever encounta.

But the nex' day when Victor – so him did name – carry wi go shoot bud is that time ah buck up country life. Wi meet up wid some man inna the bush, 'sawyer man' them call them. Them is woodcutter. That is fi dem life. Inna the bush deh them buil' something them call a saw pit. A construction a logs tie together wid wiss – thas a kinda vine; mussi the same sort wey Tarzan did use to swing pon inna pictures – an then put the big tree log that them cut down between some X junction an them have a devil of a whip saw that two man haffi push an pull from each end – one at the top an the other in the pit; him always cover wid sawdus' – an them cut the log them into lumber an walk miles carry it a roadside fi truck pick it up. All sorta lumber. Breadnut, Fustic, Cedar, Mahoe, Sweetwood an a thing them call Popnot that yuh tek an mek casket fi bury people in. Them man have muscle all inna them face.

As to the one them that specialise in makin' the 'pulleen' that railway use as sleeper fi nail down the train line pon. Them things mek outa Bullet Wood an weigh 'bout three hundred pound an when them dun cut it an shape it wid them adze them jus shoulder it an is road-side it reach.

One thing yuh doan fine in them area is woman so when my cousin arrive pon the scene is like royalty. The 'bun pan' put awn pon fire an two twos haffo yam, toyah yam an' 'grow-grow' potato root up an banana cut an the greates' dumplin yuh ever see in yuh life drop inna the bun pan along wid the meat kine which was creng-creng – smoke tripe to yuh. By the time the bun pan – tha's the ten gallon kerosene tin – come off the fire, a big goudy a bevrage wid sibble orange an cold spring water mix. Then the banana leaf spread an the food share out pon it an them cut some piece a tree limb wid them 'wompora', a kine a machete, an sharpen the end so yuh can juk the food like fork wid an yuh start the meal wid the pot water that leave in the bun pan. Them call that the benefit.

In that company, at that feast, I learn that country life could be sweet an this is one person who never miss Kingston that day when me was a boy.

3. Battlin' Johnny and Other Characters

My Clay Pidgin Has a Wooden Leg

WHEN ME WAS A BOY – LIKKLE BIGGER BOY – them use to have professional cycle racin' at Kensington in Kingston – that them use to call 'The Bowl' – every Sat'day evenin an come Sunday mornin' the talk roun by where me live was how great the champion cyclis' was or how terrible the other cyclis' them was when them cause him to lose.

The champion at that time was Boyd Alvaranga an 'im did live right 'cross the road from my yard on Upper York Street. Me never see 'im ride yet but 'im was my hero when it come to cycle sports. I woulda did clean 'im bicycle wid mi bes' shirt if 'im did ask me an feel proud a it. But fi 'im bicycle always shine an ready.

Now me use to tief out an go watch races but ah couldn' stay late so ah never get fi see the top man dem ride but what me use to see me did love. Up to now me nuh t'ink that nutt'n look prettier than sixteen or twenty cyclis' curl over them hangles ridin' at bird speed comin' roun fi tek the bell. That was the bes' part a the race fi me. After that all kine a things can happen. Man can fall down an some can give up or the field get separated because some so much better than the others. Moreover, as a likkle boy, when las' lap come an the people a jump an shout fi the favourite yuh cyaan get a chance fi see nutt'n. All yuh can do is listen.

Bowl cycle track did shape jus like the one a Stadium now but it did mek outa dirt wid clay surface an the bank all roun was high – that's how it did get the name Bowl – so when yuh at the fence outside lookin' in the nearer the cyclis' them get to yuh is the less a them yuh see. But fi the likkle dat me could see me see plenty.

One time a man did name L. Freemantle was inna the race an when them was comin' roun, fi mussi 'two to go' – that's when yuh only have two lap leave an the

announcer Missa Baba, sey, 'Comeonnownobumpinno-
borinanitstwotwotwotwotwotwo,Two, Two To Go!' –
everybody start jostle fi get themself in a good position
when all of a sudden one side a Freemantle handle
bruck off an him nearly drop. Jus as im was about to
give up an come outa the race, a man stan' up by the
side a the track sey, 'Eh Freemantle, use this,' an him
han' him a piece a iron pipe. Him tek it an shove it into
the part wey bruck off an jump awn pon him bicycle.
The crowd start to roar an me couldn' see anything any
more. When the race done an me ask, 'Who win? Who
win?' Somebody sey, 'How yu'mean? 'Iron Pipe' beat
them!' I didn' know who that was but from that night
L. Freemantle was known as 'Iron Pipe'.

Well a big race was comin' up an my champion was
trainin hard for it. Every mornin' early ah look out fe
him when ah sweepin' the yard before ah go to school
an see 'im either jus when 'im goin' or when 'im comin'
back. To me 'im did look good, 'im an the bicycle jus
mesh. Nobody couldn' beat that! The weeks before the
big race every Sunday mornin' all yuh can hear is how
'him tek double again'. Tekkin 'double' mean that 'im
win the two races that 'im ride in. Boyd Alvaranga was
favourite to win the big race. That Saturday evenin ah
didn' get to go to Kensington an that night ah could
stay at home an almos' hear the announcement on the
loudspeaker that Boyd Alvaranga win again.

Nex mornin ah was up early but everything an
everybody was quiet. Not a soul mention Alvaranga
name. Then ah hear the whisper go roun 'bout 'fall
down'. Ah never see 'im for a few days an then one day
ah see 'im in 'im shorts stannin' at 'im gate. Ah couldn'
believe it. Him scrape up from head to toe. Him face,
him han', him leg, everywey.

Him did get hurt pon the Sat'day night but the
sight of him pain me that day when me was a boy.

Princess Rose

WHEN ME WAS A BOY – LIKKLE BOY – me did have a
auntie, on mi mother side, that was one a the pretties'
woman me ever si in my life up to now. Rose did pretty,
she pretty outa this worl'. Not jus because me sey she
pretty, she did pretty fi real real. She come outa pretty
breed, for har father, my grandfather, was handsome
almost to beautiful an har mother did fine lookin'. She
did have a bigga brother, Son, who did enter beauty
contes' as a young man, so yuh mus' know. Rose was
the las' of six children an she was what them call 'wash
belly'. She was nearer to the age a har niece an nephew
them than she was to har brothers an sisters.

Boy, me use to consider myself bad lucky to be
related to Rose for although she did older than me if
she wasn' mi family me would a did want tek har awn
when mi grow big. Rose to me was what a princess
shoulda look like. Rose did have one flaw, a big inferior-
ity complex, an that did come from the fact that she did
born wid a likkle fin han'. From the wrist to the fingers
them did kine a small an join up. That likkle han' spen
mos' a the time hidin' behin a fancy kerchief that she
was never widout when she out a street.

Now as much as Rose mout' did shape nice an har
teet' them did white an even, is one thing she never
waste time fi do. Chew food. Wey that was concern she
was the direc' opposite to har father who, as cord'n to
him, did have to 'masticate every morsel precisely
twenty-eight times' – so him did talk. No sah, Rose jus
cut an swallow. A mouthful a rice an peas get one
squeeze an a swallow. Har favourite dish was stew peas
an rice. She eat that like soup. If yuh si har eat a ripe
banana yuh would a feel sorry fi it. That was fi har
fruit. When it jus start get spekkle? Cho. She wi walk a
mile fi that.

Now wid all yuh si har wolf down food so, there is
certain things that cyaan go dung har throat. Anything

93

name medicine. When everybody else a get 'wash out' Rose a laugh an mek monkey face after wi. She not inna it. Nuh care what form the medicine tek or what it look or taste like, as long as is medicine it not goin' down. The funny thing is that Rose was the one that did suffer from constipation. Ah memba one time wi try fool har up wid 'Brooklax'. She did love choclit sweetie an Brooklax was a laxative medicine that did come like choclit sweetie – wrap inna silver paper an everything. Two a that an yuh suppose to free. Not Rose! That choclit not goin' down har throat.

Well, one time she did have a bad attack a the stoppage an one a mi bigga cousin decide fi try a thing pan har. Them sen go buy a nice han a spekkle ripe banana an put it down like them hidin' it in the pantry. Now wi know how Rose stay wid ripe banana, she cyaan mek it pass har. 'Indian Root' pill – a likkle tiny thing like a small bicycle wheel bearin' – was a popular laxative in them days. Yuh just throw inna yuh mout' an swallow some water an it gone. No taste, no nutt'n. That is to anybody else. Not to Rose. Mi cousin tek a Indian Root pill an push it through the side a the ripe banana through the skin an tek a needle an push the pill far een. Yuh could a hardly seet unless yuh know. Then him run behin' the pantry an call Rose an gwan like him jus tief two banana an him gi har one an tell har, 'Eat it quick before anybody come.' Rose tek the banana, peel it quick an mek two cut an a swallow. Would yuh believe she swallow the banana an spit out the pill!

If the princess in the fairy tale coulda fine the pea in the mattress them, Rose coulda fine the pill inna the banana. She was my real live princess when me was a boy.

Charley McCarthy

WHEN ME WAS A BOY – LIKKLE BOY – inna down-town
Kingston, sof' drink inna bottle, aerated water, wasn'
the choice of people like how it is today. Them things
did too dear an the 'bottle man' them days use to only
buy 'empty pint bottle'. That was mostly rum bottle.
No, the drinks that was the 'people's choice' was fresh
milk, ginger beer an a thing name 'Yeast Punch' or
'Frisko'.

Now that was a drink! Nuh seet nuwhere again.
One glass a Yeas' Punch an yuh belly full to the brim.
Yuh belch from now till tomorrow an them can stay all
uppa Cross Roads an hear yuh. It did mek outa yeast
an egg an sugar an rose water or vanilla wid cinnamon
or nutmeg an milk an it haffi mix from overnight an
leave fi ferment or rise or whatever it use to do. When
that swell up inna yuh, it worse than bammy. If yuh
doan belch yuh explode.

Them use to sell it outa a big tin pan that mek wid
a pump handle through the top an a long spout like a
tea pot. Before each sale them pump it up like 'Tillie
Lamp' so when it pour out it full a fraat like malted
milk. A drink a yeas' punch an a piece a brown bread
wid bes' butter coulda hold yuh fi days. Like fresh milk,
is somebady pon a bicycle use to ride roun an sell Yeas'
Punch.

The funny thing is that things that people use to
cry out an sell durin the week yuh doan hear 'bout on
Sunday. Sunday afternoon is peppermint candy, Ginger
Sugar, Pinda Cake an the famous everlastin peanut
cart steam whistle. Without that sound by three o'clock
on a Sunday, something is radically wrong.

There was one peanut man that was known from
north to south in Jamaica, anywhere train run.
Jamaica was fi him turf. Anywhere him choose to go,
pon fe him bicycle, pon the train or wid the cart,
everybody use to flock him. In two-twos him peanut

done. All because of a likkle dolly him use to always have wid him that him call 'Charley McCarthy'.

This peanut man – ah never get fi know fi him name because like everybody else I was more interested in the dolly – was what them woulda call today an ennovator. Him come wid a new gimmick. 'Charley McCarthy' did model off a character wi use to hear on American radio –'The Edgar Bergen and Charley McCarthy Show' – where a ventriloquist use to manipulate a dolly, an it was very popular all over the world – Edgar Bergen was the grandfather of today's pop star, Candice Bergen.

Well, this peanut man had a Charley jus like that one. Build it himself. Down to the clothes an monicle, an him was jus as good at throwin' him voice as Edgar Bergen. When yuh see me talkin' to the Charley dolly an not to the peanut man, yuh mus' know. Girls an women use to love the Charley dolly because 'im did naughty.

Yes, even a likkle wooden Charley did use to give trouble them days when me was a boy.

Battlin' Johnny

WHEN ME WAS A BOY – LIKKLE BOY – yuh had certain things that was work an certain things that was play. Yuh get pay fi work an yuh play game. Like fr instance cricket was game an man work a wharf. What use to confuse me is when ah hear them big people talkin 'bout sport. Horse racin was a sport. I wasn't sure what that mean, whether 'sport' was neither work nor game or it was a mixture of work an game.

When wi was livin on High Holborn Street an them did have an arena buil' right in front of our house 'cross the street – where Motor Sales did have them garage one times – I come 'cross another 'sport' that did confuse me a likkle more. That sport was boxin'. The way them man use to get beat up a Saturday night-time wid swell up eye an bus' mouth an all that it could neither be work nor game. Likkle did me know. Me use to stay over my yard an lissen to everything that use to go on over the arena them nights when them have fight. When everybody think me gone to bed, sometimes me out a fence wid them big one.

Now in every sport or game there is always one name. In cricket there was George Headley, in horse racin' there was Daddy Mac, in bicycle race there was Lance Hayles an in boxin' them times there was Battlin' Johnny. The difference wid Johnny was that him was more famous as a champion eater than as a champion boxer. Him use to work down a wharf in the day an everybody did use to fraid a him for him did strong an him was heavy-weight champion. When yuh hear Johnny fightin' gainst any Cuban or Panamanian champion is that time yuh si buggy park pon High Holborn Street. The whole full length, two side.

When Johnny not in ring wid gloves on a t'ump dung him opponent then him is in the middle of a row 'bout who can eat more than who. Kerosene tin upon kerosene tin a food, yam, banana, dumplin, rice, corn pork, wash, fish-tea, roast breadfruit, down to cornmeal porridge use to get put wey fi settle argument after argument. People use to win bet offa Johnny an Johnny use to get him belly full. Long after him challenger give up Johnny still a eat.

Well, all of a sudden people start to hear 'bout another big eater pon the scene. This man eat himself all the way from country come a Kingston an him gradually eat him way in the direction of our Battlin' Johnny. Them use to call him Father Foresight.

Well, the day come when Johnny an Foresight was to meet face to face in a eatin contes'. Crowd a walk wid Johnny go up Hope Gardens fi the match when them si three han'cart full a mango seed of all kine a come down the road one behine the other. When Johnny hear that them comin' from uppa Hope where a man was practisin' fi a eatin contes' him tun back. The two a them never ever did meet.

Most people eat to live but them two man dey use to live to eat them days when me was a boy.

Contrasts

WHEN ME WAS A BOY – LIKKLE BOY – me did have two Granny that was as different from one another as cheese is from chalk. Granny Ada, mi father mother, an Ma Milly, mi mother mother. Granny Ada did big an fat. Ma Milly did likkle an fine. Granny Ada did have brown skin an favour Indian. Ma Milly did black an look like Zulu. Granny Ada did have een gold teet', Ma Milly did almos have een no teet'. Granny Ada use to gwaan like beatin' was the thing that children understan' while Ma Milly prefer fi spare the rod but still she never bring up nuh spwile child.

Granny Ada was a Roman Catholic who was big big lodge sister an Ma Milly was a Baptis' who would ketch inna spirit down a Mother Walters. Granny Ada did learn all there was to know from livin' abroad in Panama, Ma Milly was illiterate but did know parts a di Bible by heart an the neares' she go to foreign was when she go to seaside fi go buy fish. The thing is that up to now ah couldn' tell yuh which one of the two of them was m'favourite. Y'see although Ma Milly woulda tell wi stories 'bout when she was a girl it was thru Granny Ada that a learn some things that nobody else woulda tell me, maybe because ah did fraid fi ask.

Like fe instance me use to think that fowl lay egg through them craw. It did shape like a pouch that would have een egg an every mornin when she catch them fi fine out which an which one goin' to lay today she always turn har back to me when she checkin' them. When she selec' the one them to lay I use to think that she jus feel the craw an if she feel a big thing that's how she know. Wi use to have plenty fowl in the yard when wi was livin on High Holborn Street. Leghorn, Rhode Island, Peel Neck, one Sen Sey and me did have a pet black an white speckle Dominic.

Them all use to mek nes' under the house but wi did have a likkle mesh wire coop that the one them to lay get put into. Most a the fowl them was tame so it wasn' nuh trouble fe catch them, Some a them when them si yuh comin' fe them them woulda stoop down, so after Granny Ada let them go me woulda catch them an feel them craw but is pure fine-fine things me use to feel. Them days is corn grain everybody use to feed them fowl wid.

Well sah, this day me si my pet Dominic pullit lookin' kina funny like sey it out fe sick. Yu'know scrunge up like when rain wet them up. Me crawl an follow har under the house for me want to fine out is what wrong wid har. All of a sudden she stop by one a the brick pillar that the house set pon wid har back part turn to me an ah notice something strange was happenin' roun dey. Ah quick time put me han' under har ready fe go lif' har up when this warm, white, soft thing drop inna it. It was a bran' new egg. Ah frighten! But ah couldn' call out for Granny Ada woulda sey is rude ah rude why that happen. That secret belong to me an my pet hen.

I learn which end was which that day when me was a boy.

Joe Louis

W<small>HEN ME WAS A BOY</small> – <small>LIKKLE BOY</small> – if yuh ask any
likkle boy what him woulda like to be or who him would
like to be like when him grow big, the answer would be
the same. Without even thinkin him would sey 'Joe
Louis'.

Joe Louis wasn' jus a name to Jamaicans them
times. 'Joe Louis' was a simbal. 'Joe Louis' did mean
winnin'. Winnin' at all times and agains' all odds.
Them days yuh doan 'ave nuh TV nor nuh 'Supreme
Sound' nor nuh 'Voice of the People'. The only 'Voice'
was 'The Voice of America'. An is not everybody did 'ave
radio neither. Firs' of all is only few people did 'ave car
an car didn't 'ave radio. As to transistor! What name
so? Japan was either at war wid' China them times or
was gettin' ready to go to war wid' America so them
wasn' dealin' with transistorisation jus yet. In them
days yuh did 'ave 'hear sey' fe true. The news pon the
street or inna the school yard always start wid 'Mi hear
sey. . .

Who fe house 'ave radio would be the firs' wid the
news that Joe Louis goin' fight such-an-such at such-
an-such on such-an-such a night. Likkle after that yuh
see it in the *Gleaner* or the *Evening Standard.* From the
time the news bruck, till the fight, all yuh can hear
'bout is 'Joe Louis', 'Joe Louis'. The night of the fight all
radios turn up loud an all sash window in the livin'
room push right up so that the crowd out at the fence
can hear good. At the end yuh hear the same thing
yuh hear every time. 'The winner and still the heavy-
weight boxing champion of the world, Joe Louis.' In
about two weeks or so the film of the fight reach
Jamaica an yuh know the theatre goin' full.

Well one a the time them Joe Louis was fightin' Max
Baer – a big contender – an like a spite I drop asleep
before the fight come awn. So yuh can imagine how I
did anxious fi see it when the film come dung. Now

Palace at South Camp Road an East Queen Street corner was the family theatre like. That is my family use to get pass to go there from a courtesy aunt who use to work there as a cleaner. So when I see in the papers that the 'Joe Louis – Max Baer' fight was on I beg my mother if I could go seet. Well the answer, as I expected, was 'If yuh behave yu'self'.

I was on mi bes' behaviour! Ah wash Daddy car, instead a jus wipe it off, ah sweep up the yard an tek up the rubbish m'self, ah clean Daddy shoes, ah water the garden. Them had to stop mi from doin' things. When them gone an ah go inside to mek up the bed, ah fine a ninepence under mi pillow. Sixpence to go een, twopence fi bus fare an ah still 'ave a penny fi show off wid. Well, I reach Palace from 'bout six-thirty. The firs' surprise was that nobody was there yet. The gate didn' even open. When eight o'clock come an is only few people in the theatre an the seven o'clock show don't start yet, I go to one of the men collectin' ticket an ask him when the show goin' start. Him sey 8.15. When ah ask him what showin', him sey, 'Arise my Love'.

It turn out that Joe Louis was beatin' up Max Baer outa Gaiety. But is me did get the knockout that night when me was a boy.

Miss Bourne

WHEN ME WAS A BOY – LIKKLE BOY – one thing them did always tell me was that ah mus' have respec' for an be respec'ful to old people. So when all dem other ones used to tease Miss Cubba an Mother Warner an Bun-Down-Cross-Road an Bag-a-Wire an Hog Head an Cock Chicken an so, although me used to watch, me never join in. Me always remember my Granny remindin' mi, 'Mawga cow a pasture a bull Mumma.' Well for me it was a good thing that ah did tek that tellin' otherwise ah doan know what ah would do when I first encountered Miss Bourne.

When yuh talk about eccentric, that was Miss Bourne. Miss Bourne was a old English woman who used to ride her 'lady's-wheel' bicycle round Kingston tellin' people that they must promise to be kine to dumb animals an people. The first day she come to my school with that I couldn' help but wonder how come people come after dumb animal. Is not till me tun big man an go to Englan' before me realise is so them people stay fi true.

That was bad enough but over the years when we begin to get used to Miss Bourne some of us use to think that she not righted. Ah mean sometimes the lady would come off her bicycle and walk and push it because she say that the bicycle tired. Ah put it to yuh!

Yuh si all Christmus time when puss an dawg keep scarce? If Miss Bourne ever catch yuh a light a clappers, when she dun lecture yuh, is better if yuh did get beatin'. Some a dem boy did 'ave a thing wey dem use to tie a condense can pon the dog tail an light a clappers an drop in deh. When the clappers bus' an the poor dog tek off, all him hear behind him is the empty can a mek whole heap a noise, an that mek him run all the more. Poor thing. We used to laugh y'see, but as the bullfrog sey, 'What is joke to you, is death to me.' So yuh can understan' what Miss Bourne had to go through in order to get us to be kind to dumb animals. Boy, that woman coulda work. Mornin, noon an night she sing the same Sanky.

The strange thing is although some of us use to gwan like wi laughing after her when we talkin' 'bout her, I am sure that each of us used to hear her voice in wi conscience every time wi fling a stone after a groun' lizard or frighten a puss! 'Be kind to dumb animals.'

Well, her efforts never went unrewarded. The JSPCA – the Jamaica Society for the Prevention of Cruelty to Animals – is an existing monument to her life's work. As for me, all cockroach did get a bly because a Miss Bourne. For as she did sey, 'After all we are all God's Creatures.'

That thought has lived with me ever since me was a boy.

AB's Fineral

WHEN ME WAS A BOY – LIKKLE BOY – the bigges' fineral me
eva run fallah was AB's fineral. Now AB was a DC who
use to be like a plague to bicycle riders. In them days
everybody use to ride bicycle, fix wheel, free wheel or
coaster. Them use to call coaster ole 'oman bicycle, for
most a the time them was lady's-wheel with the whole a
the chain, from sprocket to ratchet, cover up so that
the skirt hem doan ketch in it an get tear. Them was
the one wid the carbide lamp pon the front that when
yuh light it at night yuh can stay anywey an smell it.

Them times is three things yuh had to 'ave pon yuh
bicycle or yuh not legal fi go pon the road. Front light
an back reflector, at least, a bell an a current licence
fixed to some part a the bicycle.

Now this is where AB come in. Anyhow yuh doan
have all a them, night or day, is carry him a carry yuh
in. The amount a man AB use to fling han' inna them
wais' an drape them up an carry them go a Central
Station on Sutton Street is nobody's business. When it
come to 'Stop an Go'! If yuh nuh stop dead an puddung
yuh foot pon the road, yuh only feel a baton in yuh
spokes an is gone yuh gone. Nuh bodder beg. As to
towing somebody pon the cross bar! If AB ketch yuh,
dawg nyam yuh supper. Unno sleep a jail. If yuh had a
carrier over the back wheel yuh could carry a passenger
there so an get wey wid it but otherwise, no way! But
nobody doan want them thing pon them bicycle. Dat
not sharp, an everybody want to be sharp. . . criss.
Well sharp or dull, AB nuh care. Him lock up everybody
him can get him hands on.

Needless to say, AB was the most feared district
constable and the least respected. So when the news
bruck that AB was dead, apart from the shock, there
was jollification among the bicycle riders in Kingston.
Those who had encountered AB and those who hadn't.
Talk 'bout popular!

Well, mi hear 'bout this fineral an, like everybody else, me decide fi go look pon it. Them days people woulda walk far fi look pon a good fineral. The hearse full up a flowers with the four or two healthy horses draped with the black net pullin' it an the different colour feather duster dem flutterin' on them head from the bridle and a long line a taxi full with people dress up in them black an white an purple. Very impressive, quite a sight. And quite a sight is what I saw at AB's fineral.

Behind the hearse was a swarm a bicycle riders in the gayest mood. At the graveside in May Pen Cemetery was a gatherin' yuh would never believe. People emptied them overnight slop or deposited not so neatly wrapped parcels of evil smelling contents in the grave. Sar! Although at that time me never know too much 'bout 'Julius Caesar' yet I learn something in the burryin' groun that day. Is not so much what yuh try to acquire while yuh livin', is what yuh leave behine when yuh gone.

That was the thought that stayed with me while my cousin was towin' me home from AB fineral that day when me was a boy.

Convent Fire

When me was a boy – likkle boy – me must be did really inquisitive. When me look back pon all the things that did, or nearly did happen to me is mus' be because ah so busybody. The kind a nosey parker who had to know the how, when, where, and why of things. Not people business, mind yuh, but things. How it work, why it work and so on. Sometimes ah use to ask question upon question, till one day a uncle of mine, who must be was tired of giving answers, said to me, 'Boy, yuh mus' learn that sometimes yuh mus' be inquisitive with your eyes and not your mout.' Well after that, whenever I was roun him I jus watch.

Well see how busybodyin' nearly cos' me me life one time. I hear them talkin', one Friday afternoon ah think it was, for it was a Ben Johnson dinner – season rice. Them days Ben Johnson day was Friday for everybody use to get pay pon Saturday. . . Anyhow, there was great excitement because there was a big fire down town.

Now me an my Granny did live in a room in a yard that did have the big main house an some other building round the side. This was South Camp Road and Andrews Lane corner. The people that did live in the big house had a beautiful tan brown convertible Terraplane Hudson motor car, boy, when it did 'park inna the yard ah coulda look pon it y'see, and they were goin' to look at this fire. Don' ask me how I get involved. All I know was that I was in the car with them driving.

The fire was on Duke Street but we weren't allowed to get any nearer than East Street. The curious thing is that the fire started on East Street they said, in a little hair dressin' parlour, and a spark fly over to Duke Street and start the other fire. However and wherever it start it was a devil of a fire by the time we reach. If yuh see people panic! East Street did have some big time homes pon it y'know. Oh yes. An everyone a them look like them was goin' ketch-a-fire too. Up in the air all yuh could see was dark grey smoke an orange flames. Sparks all over the place.

Likkle me, I see some people do some things that day! Ice truck drive up an stop and the ice man them haul out some big block a ice and jus throw them inna the street an run go inna people house an come out with bureau, wardrobe, sewing machine, china closet, ice-box, wash stan', four-poster bed, gramaphone . . . All sorta things, an jus put them inna the truck dem an drive gone. If yuh see some feats of strength that afternoon! From man an woman.

Busybody me was up an down in an out, faasing with everything and having a great time. That was from my point of view. The people who took me were goin' out of their minds trying to keep up with me. So what yuh think them do? Them put me inside the car and lock me in. That got me out a the way but into trouble. A spark from the fire landed on the canvas top of the car and started to burn a hole. Ah bawl, ah jump up an down, ah do everything to get them attention. When them see what was happenin' everybody start beat the car top with roll up newspaper. Before they let me out.

That Friday evenin I nearly go up in smoke along with the Roman Catholic Convent when me was a boy.

Busta's Day

WHEN ME WAS A BOY – LIKKLE BOY – there was a time when me was a practisin' Baptist. Sunday mornin ah go to church and in the afternoon is Sunday School. Well it was one of these Sunday afternoons after Sunday School that I came across an got myself involved in something that later was to become one of the landmarks in the development of our political history.

Poor me likkle boy, at the time ah wasn't thinkin' of the future further than what ah gwine tell mi Granny why ah come home so late. Now the costomery thing on a Sunday after yuh leave Sunday school at the East Queen Street Baptist Church, was to go for a walk before yuh go home. Yuh reach home before dus', of course, an yuh get yuh supper. Yuh play roun likkle an before yuh know it, is nightfall an bedtime.

Well this Sunday we was walkin' along East Queen Street when we hear some singin' an cheerin' an when ah look ah see people from every which direction runnin towards East Street. Well ah didn' figure that it was 'John Cunno' for ah didn' hear nuh drum. Before ah know it I was runnin' too. Up East Street was a crowd of people singin' an dancin' as they move towards East Queen Street. Likkle me I didn' know what to do.

My friends had already raced up East Street to join the throng, so I sorta hesitated near the corner by the hotel them call Portland House and watched with growin' excitement as the singin' and dancin' came nearer. Ah noticed that in the front of the merrymakers was a tall mawga man with bushy hair who didn' have on nuh shirt. He wasn't singin' or dancin', jus stridin'. Beside him was another tall man, but not so tall, who was matchin' him stride for stride an the two a them did sorta resemble.

While I was there takin' in everything the happy crowd roared down pon me an somebody gently but firmly put they han' pon my shoulder and propel mi along with them. Before yuh know it I was up the front marchin', singin' and jiggin' with the rest a them. We turn into Portland House Hotel an walk into a big room downstairs an the tall bushy head man, who by now I realised was the centre of attraction, was given a chair which brought him down to my eye level when him sit down in it.

Out in the street the people sang and danced while inside the two men talked to each other an with some of the other people who came in with us. The excitement was electric! The song they were singin' outside was 'We will follow Bustamante'. That was the day that him was released from detention in Up Park Camp. Beside him was the man who engineered that release, Norman Manley.

Lookin' back pon it now, ah realise that there was total unity that historic day when me was a boy.

Coronation

WHEN ME WAS A BOY – LIKKLE BOY GOIN' TO SCHOOL – them use to 'ave a time when wi use to go outside a di classroom an stan' up inna a semicircle mix up wid di other class them an sing. Me use to love that. Some a di song dem mi didn't understan' but sing ah use to sing!

> *Some talk of Alexander and some of Hercules,*
> *Of Hector and Lysander and such great names as these.*
> *But of all the world's great heroes there's none that can compare,*
> *With ror and a ror and a ror and a ror*
> *To the British Grenadiers.*

I didn't have the slightest idea who all them people was; but if yuh hear mi sing!

Then there was a nex' one that go,

> *On Ilkley Moors baat at,*
> *On Ilkley Moors baat at,*
> *On Ilkley Moors baat at!*

Is not till me turn big man before me know what me was singing 'bout deh so. Walkin' on the Ilkley Moors of Northern England without a hat. Then there was the champion one.

> *Rule Britannia, Britannia rule the waves.*
> *Britons never, never, never, shall be slaves.*

Them use to drill them songs inna wi head an heart an outah wi voice. When School Inspector come wi sing them fi him an him clap wi, and when him sey 'Well done!' teacher face bright like livin' room lamp. What them never tell wi was that wi was practising for a special event. An of course we never ask. Them days yuh do what you're told and mek the best of it. We mek the best of it when wi get a chance fi go outside under the tree and sing.

Then, m'dear sah, the big occasion arrive. Out came the little red, white an blue Union Jack flag them, the balloon dem wid the King and Queen face pon dem, de enamel mugs with the flag an King and Queen, the cups and saucers, the drinking glasses, everything! Everything that had a surface had, the king and queen face an flag pon it. Exercise book, ruler, rubber, pencil, pencil box. Everywhere yuh look flag hanging like pretty paper Christmus time.

As to King Street – from Parade down to Victoria Pier by the sea, where the restaurant is now, flag all the way, two side an criss-cross. Inside the Victoria Pier the bandstand an the iron bench them an the railings roun' the park all paint up an the grass cut an the flowers bed them well mek up. If yuh see this city. Clean as a whistle an bran' new secon' han'. It was CORONATION TIME! The new King and Queen was goin' to sit on the throne of England.

Them time there was no radio or TV to hear or see nutt'n so we had to provide our own pomp and ceremony; an boy did wi dweet! In the day, march-past uppa Camp wid we school children in criss middy blouse an skirt an brown khaki shirt an pants singin' out wi soul an wavin' flags. An at night fireworks! For our reward we all got buns and lemonade an sweetie and we were allowed to keep the mugs. Ah eat sweetie an bun and drink wash till ah nearly bus'.

If only the King and Queen coulda siddung back pon that t'rone again nex' week ah would gladly get another bellyache was the thought that went to bed with me on Coronation Day when me was a boy.

Emancipation Day

WHEN ME WAS A BOY – LIKKLE BOY – me did have a Granny – mi mother mother —who was responsible for my learnin' a lot of things that are useful to me up to today.

The amazin' thing about Ma Milly, that was our name fe har, har firs' name was Emily, the amazin' thing about Ma Milly was although she was a great teacher she herself couldn' read. If she did see her name paint up pon the whole side a Carib Theatre she wouldn' know it. But if yuh think that yuh coulda fool har yuh wrong. Ah use to did love dat ole 'oman ah can tell yuh. Love 'ow she did look, love 'ow she use to talk an love 'ow she did love me.

First of all she was born in slavery. Her mother was a slave. To her it was nutt'n to be either ashamed about or proud. It was so. She was the livin' version of a Macondi carvin' from Africa. Mawga an mahogany. Good lookin' with beautiful feet. Yuh know, sake a she every time ah look admiringly at a woman the first thing ah check is her feet.

Anyway, Ma Milly use to have some sayin's that came right outah slavery days. Like if yuh don' feel like eat what she put in front a yuh she wi sey, 'Them force man to work, not to eat.' Ma Milly was Baptis', but y'see when 'Firs' a August' come, whatever day that choose to fall pan, she gone a church. Any church! As long as it open. From Mother Walters to Cathedral. That was her day. Christmus an Easter was fine, she wi atten' service them times like everybody else but 'Firs' a August' was definitely her day of prayer.

That day use to be known as 'Emancipation Day', the official date for the abolishing of slavery. 'Firs' a August' was a public holiday, the forerunner of nowa-days Independence August Monday. That day always did belong to Ma Milly an her gran'children. Church firs' thing a mornin'. Ah good meal an a outin' of some sort. Either Hope Gardens or some function at Race Course or Elderwise Park. She might'n coulda read but anywhere Marcus Garvey was talkin' she would know an we'd be there.

Me did too likkle fi understan' all what it was about at the time but Ma Milly would explain by sayin' likkle gems of philosophy like, 'Hog pickney ax 'im Mumma, "Mumma why yuh nose so long?" An 'im tell 'im pickney, "Pickney yuh ah grow, yuh wi see"!' I did grow to understand why 'Firs' a August' meant so much to Ma Milly and why it should mean a lot to me.

If there's nothing else to remember Ma Milly for there is quite a lot – I'll never forget her teachin' us, by her actions – the way she walked, the way she talked – to be proud of our blackness.

I know now that it was Ma Milly who emancipated my mind by exposin' me to 'Firs' a August' from when me was a boy.

Granpa

WHEN ME WAS A BOY – LIKKLE BOY – me had a grandfather that did travel all over the place. Cuba, Panama – him was one a the many Jamaicans that did help to build the Panama Canal. Anywey the work deh, tha's where him gone. Him was a qualified plumber, mason, brick-layer an carpenter. When him did leave Jamaica fi the firs' time him probly was none of these, but them sey that travellin' teach yuh things.

Well if is one thing me know that travellin' teach him, is 'ow to be mean. Me did think that him mus' did learn meanniss abroad for me neva buck up nobady in this country that coulda mean like him. Him mean him mean him mean him mean him mean cyaan done! Him so mean that him chew condense milk. Him like mix it t'ik an sweet. Then him chew it. Him sey that nutt'n not goin' down him throat unless it can pass through him teeth. An teeth him did have.

My gran'father was so mean that instead of helpin' to make up the taxi fare to go to him mother fineral service, him tek the tramcar an hop off without pay. So them tell me. One night him come home wit' a parcel a fry sprat an bread an a dry coconut. Ah siddung roun the table wit' mi han' pon mi jaw an watch him bruck the coconut, drink the water, huks it out, cut it up an spread everything before him, an eat every scrap – down to the pimento – an never offer mi a fish head.

Now I was thinkin' the other day, suppose my granfather – res' im soul – should get let out from wherever him is now, an get sen back to this life, what him woulda do? Him woulda dead y'know for like how him was a man wey never tek kindly to partin' wid fi him money, can yuh imagine Gran'pa being ask fi pay thirty-four shillin' fi a loaf a bread?

Firs' of all, him did have a vile tempa – if him is not among the Lord's anointed, is that would be the cause of it. Him woulda think yuh mad. Him was a man that did build a two storey house single handed fi him family in Kencot. If him was to come back an si what house sellin fah now, *him* would-ah go mad. This was a man who use to did like dress up himself inna good clothes, who coulda buy a good white shirt fi one shillin' an sixpence! Can yuh imagine? Then, like how him was a Dapper Dan, what him woulda do to the barber who tell him that it goin' cos' £9 fi trim him hair? If him was a man ready fi hop a tramcar fi save a penny how him woulda manage wid a bus fare today? An a dozen red-coat plum fi six shillin' an thirteen shillin' for a snow-ball?

All I can sey it wouldn' tek him long to realise that some things very different today to when me was a boy.

An Ode to Capo O'Brien

When me was a boy – likkle bigger boy – the most popular radio programme was a Armed Forces show from the Voice of America. That use to come on 'bout eleven o'clock durin' the week an did have a tune name 'In the Mood' as the t'eme song. Them was war days an Glen Miller was the most popular orchestra in America. On weekends wi use to get the Lucky Strike 'Top Ten'. Whatever was number one in America was number one everywhere else in this hemisphere that speak English. The Spanish station them use to come in regular too an Cuba an Panama was the cleares' ones.

Them time yuh didn' have to have 'lectricity fi have radio inna yuh house for them use to have a t'ing them did call the 'Crystal Set' that yuh coulda clip on to any piece a metal an it pick up good good. People use to mek them out here too. That was the forerunner of transistor radio, only it never did use battery neither. Yuh did have some that could run off motor car battery too. Some big one. Them use to have them in the country part.

So although we didn' have nuh radio station in Jamaica them time we never use to outa the News of the World for all the radio them did mek wid long, medium an short wave band an what yuh cyaan pick up pon that not pon the air.

When it come to music y'know we out yah never faam fool. The lates' t'ing from North or Latin America? Is we that! Records use to come from England an America wid RCA, HMV, Bluebird, Brunswick an Parlaphone labels. From opra an symphony to swing an jazz. The opra an symphony one them was twelve inch an them did only record pon one side a them. Them did heavy! All a them use to haffi spin at 78 rmp – revs per minute – an all who had wind up gramaphone or Victrola coulda play them. Later on when radiophone come in them did still good.

So Jamaican musicians of those days use to learn how to play the music of the day by listenin' to them records. An wi did have some rygin musicians them time. In Kingston it was swing music an in the country it was mento an waltz. At Palace Theatre before Carib build? Yuh use to have some jazz man like Motta who use to play 'black stick' – that's clarinet – an him use to keep everybody jumpin' wid a tune name *Higher*. Every time him play a likkle passage the crowd bawl out 'Higher' an him play it again wid higher notes. Sometime him go so high yuh coulda hardly hear.

Val Bennett was a young, lively an energetic saxaphone player who use to jump up an down an play all pon him back. Elderwise Park, down Slipe Road, an Forresters Hall pon North Street use to feature Redva Cooke an Joslyn Trott orchestras a compete gainst one annada. Milton McPherson band was the Paul Whiteman of Jamaica. It did all have in violin. Meantime drummer 'Barber' Mack use to kill them a country wid mento. Guy Trott an Granville Campbell was the mos' popular male singers an Carmen Allen an Josephine McDonald use to get nuff applause as women.

Them did have two brothers who use to play saxophone. The littler one play tenor an the bigger one alto an clarinet, name O'Brien – Babes an Capo. Him jus bury the other day. Them was the young jazz men when me was a boy.

4. The Last Tram Ride

Movies in Cross Roads

WHEN ME WAS A BOY – LIKKLE BOY – there was some
things that if anybody did tell me that them wouldn' be
around for us to enjoy today ah woulda tell them that
them mad. A Briggs patty? Now plenty people use to
swear by Bruces patty, but me did prefer Briggs.
Bruces an Briggs was two establishments situated in
Cross Roads an did face one another from either side of
the beginning of Retirement Road. The two place use to
sell patty. Other things too but the time never come fi
we likkle boy fi purchase them 'other things' yet. Them
time Golding patty never start yet or if it did start it was
still inna a patty pan downtown inna rum bar pon the
counta. No, Briggs an Bruces patty was uptown story.

Those days when yuh pass Cross Roads goin' up
yuh goin' outa town. Cross Roads was limit fi 'uptown'.
While every other patty that did wort' him name was
sellin' fi fourpence, Bruces and Briggs patty was
sixpence. So when yuh buy them patty deh is spen' yuh
a spen' y'know.

Now jus a little way up from the entrance to the
Cross Roads Market on the other side of Half-Way Tree
Road – where them have the big bettin' shop now – was
the pride an joy of Cross Roads as far as we boys was
concerned. Movies Theatre.

Carib was the biggest, prettiest an newest cinema
in the country – some say the Caribbean – but Movies
was the favourite. Movies had a long an proud history.
It was the first covered cinema in Jamaica and one of
the oldest. In 1936 one of the greatest stage shows to
be seen for a long time to come was put on at Movies by
a young man named Dudley McMillan an it was called
'Hot Chocolate'. Those around now who can remember
still talk about the fabulous Kid Harold on that show.

Well Movies did still a carry the sway 'mongst those
of us who was old enough to go to pictures pon wi own.
Moreover Movies was cheaper than Carib in more ways

than one. And yuh could see serial at Movies. Carib never show them things.

Now them did have a ticket collector at Movies them call Son. Son was the pasero of all schoolboys, for instead of paying the sixpence to go in the legal way plenty of us boys woulda put 'fip' – that's threepence or six cents if y'like – inna Son palm that was always held behind him open upturned and ready for such occasions. So if you have a shillin' yuh could give Son a fip, buy mint stick, see the picture an when yuh come out buy a Bruces or Briggs patty an still go home wid change.

One evenin after school I decide fi get smart. Ah did hungry so I buy my patty before ah go een. Now them patty always hot like fire when yuh get them an sometimes yuh haffi keep them inna the bag long before them can eat. When I reach up to Son I get smarter still. Instead a drop a fip inna him palm, since it was behine him an him wouldn' see who do it, I drop een a farden. It did likkle bigger than a fip an it did mek outa nickel while the fip was a silver piece. The brass threepence didn' come in yet. A farden was the smallest denomination in money.

Mi dear sah, I siddung off inna the dark please wid m'self how I pop Son. Ah open mi patty bag an as ah tek the firs' bite a flashlight shine inna mi face an ah hear Son voice behine the beam sey, 'Come out yuh likkle . . . yuh.' Yuh see when yuh in a two man race an yuh doan come firs', what yuh come? Well that word rhyme wid the word him call mi. How im fine mi? Nuh the smell a the patty.

That was the only time ah try pop Son when me was a boy.

'Long-Grain Rice' – Local Product

WHEN ME WAS A BOY – LIKKLE BIGGER BOY – green banana use to be known as 'long-grain rice'. That was durin' war time when we couldn' get white rice from Hong Kong. Them days wi did t'ink that is only inna China them coulda grow rice. Every grain wi use to get out here did come from there.

Rice use to come in three grade, brown – which me did love smell when it cookin', an love the taste too – an two kine a white. What them use to call 'chicken rice' – that did small grain, wan' favour barley an easy fi full up a weevel an cobweb, feed fowl wid it raw – an long-grain white rice, which was the top-a-naris kine. The brown rice did popular because it did cheap an dat was because it didn' wash an process as long as the long-grain white one.

All them time rice an flowa use to run jostle one annada fi popularity an price. One hundredweight bag a flowa was five shillin' – that use to be fifty cent one time – an cornmeal did cheaper. Quattie mix flowa – two-thirds flowa and one-third cornmeal – coulda mek enough good size 'cart wheel' dumplin' fi serve a family fi days. Them days rice was the staple diet of the Kingstonian. When the Kingstonian cookin' poor food pon Ben Johnson day – them time it use to be Friday for everybody did get pay Saturday –-it was either 'season rice' or rice an callaloo, or, if is the season, rice an ackee an saltfish.

Well when war come the whole a that change up. Y'see flowa an saltfish use to come through England. She use to get them from China an India. So when war start an Germany begin to put U-boat – fi them kine a submarine – inna the Atlantic, nutt'n couldn' come 'cross. Any ship wey show har face them torpedo har an sink ar. Nuh care what she carry'n – people, goods or ammunition. Plenty bag a rice an cornmeal an box a condensed milk lay pon the bottom a that Atlantic

Ocean between England an here, ah tell yuh. Now if ship cyaan come 'cross it also mean ship cyaan go 'cross neidah.

Now through a company call 'Unifruitco'– short fi 'United Fruit and Insurance Company' – Englan' use to import from we green banana, orange and sugar. So when han' come pakky go. When ship come wid grain it leave wid fruit an sugar. Well when banana an orange an sugar pile up inna warehouse an cyaan get nuh ship it mean rice an cornmeal an milk goin' dun inna the Chiney shop an the banana an orange goin' spoil. So we had to buy wi ownah banana an orange an sugar.

That time everywey yuh go in Kingston is banana. Market, higgla shop, grass yard, sidewalk, banana so nuff them tek it a stone dawg. Them a nuh pya-pya banana y'know. Big bunch, big han' an long finga. The bes'. Ninepence get yuh the bigges' bunch. All of a sudden country cookin' come to town. Big big Sunday instead a rice an peas pon the table is three, four big finga a green banana lay down boasy beside yuh good stew chicken. Wid yam an dumplin an sweet potato as backative; wid yuh lettis an oxheart an beetroot as dressin'. Them days the cry outa street a mornin time was 'Buy yuh green banana', an children use to reply 'Meet mi roun di cawna'.

But the banana vendor who use to get the attention was the one that sey 'Jamaica long-grain rice! Pap boil them!' – that did mean them sof' when me was a boy.

Chiney Shoppin'

WHEN ME WAS A BOY – LIKKLE BOY – me use to love play dolly house wid them girls. Me was always the father or the doctor. Examine an operate pon dolly or dolly mother who was either a cousin, spendin time, or some neighbour or sometimes the daughter of mi granmother lodge sister. My dolly house use to play real real. We use to really cook for instance. All yuh have to do is go to the Chiney shop an beg anything. Salt, flour, cornmeal, or saltfish tail or ears. Them days no self respectin' Missa Chin woulda put fish ears an tail inna scale fi sell nobody. Dat did chop off an puddung one side fi dog feedin'.

The Chiney Shop was the backbone of existance of every Kingstonian house. Me did think that yuh didn' haffi have money fi get anything from Chiney Shop. All yuh did need was a grocery book – a likkle red or blue cover rule-up book that yuh get from Missa Chin. Yuh jus write down what yuh want an Missa Chin will write down the price. That was yuh passport fi stave off hungry.

One bright likkle girl me did know try fi use har head pon Missa Chin one time. She go inna the shop an tell him that har mother sey him mus sen' sweetie an a small tin a milk. Them days yuh coulda get a little tin a Nestles condense milk fi twopence ha'penny. Missa Chin serve up the things but before him push them 'cross the counter to the likkle girl him sey, 'Wey di book? You lo bling book yuh lo getti lutting.' The little girl run.

What I didn' realise is how the system work. Durin' the week when them sendin' me to the shop yuh doan sen' money. Come Saturday night the big people go wid money an either pay off or pay down something pon the grocery bill an trus' more things till nex' Saturday. At the Chiney Shop you coulda get the same things that yuh can get from supermarket today excep' fresh meat

125

an vegetables. You go to beef shop an higgla shop fi that. Chiney Shop use to sell kerosene oil too. An if yuh wake up Sunday mornin' an discover that you did leave off something off the shoppin' lis' las' night you doan haffi worry for by nine o'clock yuh can go roun the side a the shop at the window an Miss Chin wi sell yuh anything for them did live right there in the back a the shop.

Them days yuh didn' use to buy soap flakes or detergent. All soap did come in cakes or bars. Sweet soap in cakes an washin' soap in bars 'bout three foot long by two inch by one an' a half inches. Yuh had brown soap, white soap and blue soap. The blue soap was really blue an white. The most popular one was the brown soap. Quarter bar a brown soap would get measure an cut pon the same wood block that mack'rel, shad, salt beef, pigs tail an saltfish chop up pon. Most time after the saltfish chop up an weigh, yuh can always pick up nice likkle piece offa the block. This go straight inna yuh mout'.

Ask any likkle boy or girl an them wi tell yuh that at leas' one time the likkle piece a saltfish that them pick up an put inna them mout' turn out to be a piece a brown soap instead.

Yes pickin' off the counta could be risky when me was a boy.

The Herbalist in the Market

WHEN ME WAS A BOY – LIKKLE BIGGER BOY – goin' to market pon a Saturday night was my duty when a wus livin' wid mi auntie. Y'see I did learn how fi do it when ah use to go wid mi Granny when mi mother was alive an me did little. Ah use to did love it too because Ma Milly did look like she know every seller in the market an each time she buy something them would always add on a likkle portion 'fi di likkle bwoy'. When I look back pon them times now I marvel because my Granny, Ma Milly – har name was Emily but all her gran'children call her Ma Milly – could'n read nor write but she never lose a farden at market.

Them days yuh carry the same amount a money, maybe five shillin' every week, an yuh buy the same things from the same people fi the same price. Coronation Market was the new market then. Before that it was Solas, Chigger Foot, Victoria an Grass Yard that was downtown. Grass Yard was down by where Gas Works was –in the vicinity of Soap ,and Edible Products, that them now call Seprod. When Coronation build, Grass Yard people move in there. Ma Milly never carry nuh list but she never come home an figet nutt'n.

When yuh goin' to market yuh use to carry yuh basket an in it was yuh shut pan, yuh oil bokkle an yuh paper bags fi peas an starch. The shut pan was fah the 'new sugar' or 'wet sugar' as some people call it, an coconut oil go in the oil bokkle. In those days that was the only oil to cook wid unless is cookin butter but that wasn' as cheap. Coconut oil use to cook wid, comb little girl hair wid an rub them leg mek it look nice.

Now of all the thing them me use to see my Granny buy the only one that me couldn' understan' was the tea bush, bark an roots. One bark ah did know an that was the one yuh clean floor wid. After that me loss. What Ma Milly use to do is go to one lady an tell her what she need the bush or root fah this week. If is not fresh cole is 'pain-a-back' or 'giddiness' or 'billias' or 'toothache'. Nuhbody sickness never more complicated than that.

People never use to have cancer, them had 'groat' nor them never use to have ulcer, them had 'bad stomock' an at certain time in life it was expected that most people eye would 'get dark'. False teet' an glasses was not everybody thing. In fac' 'chew stick' was much more in use than toothbrush, and 'consumption' was the most dreaded sickness.

Now, yuh had people who use to sell certain things in the market an yuh nah fine them wid nutt'n else. Like 'Madam' the Indian lady, she only sell greens. Lettis, pak chow, engin kale an callaloo. Baboo har husban' use to jus siddung beside her wid him two bare foot lap over one annada an him two han' cup over each other wid a funny smellin' tobacco inside a them an him use to puff it by suckin between him big thumb an firs' finger. Yuh hardly ever see what Baboo was smokin' because whatever it was was always surrounded by him two hands.

Is not till me start move wid my schoolmate them awn the East who use to roll up some bush inna cigarette paper an smoke it an talk 'bout Hail Selassie that me smell the same smell that use to come from Baboo.

Him was the firs' real herbalis' me did know when me was a boy.

East Queen Street

W<small>HEN ME WAS A BOY</small> – <small>LIKKLE BOY</small> – East Queen Street did look to me to be the longest street in the whole world. From Coke Church at East Parade to Palace Theatre at South Camp Road then it go on till it turn the corner out of sight by Asylum out at Paradise Street. It wasn' until me get bigger that me get to understan' that it did have three different names by the time it turn the corner. East Queen Street was a double tram line street, so it was a bustlin' metropolis night and day. In them days when me was a boy, East Queen Street was like the northern border of commercial Kingston. Above there was residential and more top-a-naris.

East Queen Street was famous for a lot of things through the years. For instance, Cremo started as an ice cream parlour on East Queen Street; and Arlington House coco bread sustained a lot of school children in the vicinity; the formidable Baptist Church with its enormous pipe organ that you used to get a chance to pump during service on Sunday if you were a good boy – the same church that gave birth to the internationally known East Queen Street Young Men's Fraternal (out of which came the Frats Quintet) – and a famous one-of-a-kind hatter's establishment without which no high school girl would be properly dressed, and many other commercial businesses that flourished along that street.

There was at least one of everything on East Queen Street. From Chinese laundry, which turned out the whitest and stiffest shirts, next to my Granny, to drug store, known as 'doctor shop', to gambling den cum pawn-shop to sports arena (which later became ChiChi Bus depot). And at night Coney Island and, for more adult entertainment, beer gardens.

For me though, East Queen Street deserves to be remembered for one thing if nothing else. It was on East Queen Street that the first cinema or movie theatre was built in Jamaica and it is still operating today. . . the Gaiety Theatre. It was Gaiety that introduced Jamaica to Hollywood. It was also at Gaiety that some of Jamaica's great stars of yesterday who are superstars today were launched on Vere Johns' Opportunity Knocks! It broke my heart when I went back to Gaiety after a number of years to find that the movie screen was now a white concrete wall in order to cope with the live guns in the audience competing with those on the screen.

East Queen Street has seen it all; from sailors on shore leave looking for fun to revellers on Watch Night mingling with church-goers on their way to pray for our souls.

East Queen Street was a whole world to itself when me was a boy.

Bournemouth Club

WHEN ME WAS A BOY – LIKKLE BOY – me couldn' swim. Although I never miss a chance to go seaside with them bigger one I jus couldn' swim. Why? Well, y'see after eight o'clock a mornin when sea breeze start blow an the wave them start come in? Leave me out!

In them days apart from Gold Street and Breezy Castle and Paradise Street and Rae Town – which was seaside – the only beach yuh had in town was Barnet's and Sigarney in the east. Now Barnet's and Sigarney had what yuh call 'outside pool'. That is a portion of the sea did fence in with some big wood pile – keepin' out seaweed and sea egg and big fish – so it was relatively safe for swimmers. But me wasn' a swimmer. In fact them did have a section rope off near the shore for non-swimmers, but it did still have wave and me and wave never tek tea.

Well one day school went on a outin' to a place in Bournemouth Gardens called Bournemouth Club. Boy, did I fall in love with Bournemouth. Bournemouth was a club that was run by the KSAC for the general public. It was a recreation centre. It had an open air cinema, which later became the scrimmage field, a huge fenced-in outside pool with changing rooms and benches; a large club house building with changing rooms and bath houses downstairs with a rack for stacking bicycles. A kitchen and bar upstairs with tables and chairs surrounding one of the largest and smoothest dance floors yuh've ever seen, and a big bandstand. There was a juke box, which played five tunes for a shilling, and a ping pong table. All this was set in some beautifully laid out gardens with majestic century palms and flourishing almond and sea grape trees competing with the most glorious blooms of bougainvillea and lignum vitae. Can you imagine it?

But the most important thing about Bournemouth to me them days when me was a boy an couldn' swim

131

was the biggest concrete swimming pool that I had ever seen. This pool did white wash till it sparkle, even at night. It had two sections. An Olympic size portion that measured four feet deep at the shallow end and twelve at the other end with a spring board and two high–diving boards, one nine feet and the other thirty feet high, and a smaller section whose length was the width of the bigger one and it was five feet deep at one end and eighteen inches at the other.

Now this was my speed. This was and still is the only inland sea water swimming pool that I ever come across. Them used to pump the water from the sea into the pool. Well sah, I used to catch my little paddle in that non-swimmers pool for months on end every chance ah get and thanks to that pool me and seawater became the friends we are today.

But ah didn't learn to swim in there though. No sah. It was one Sunday when some big boy tek me an throw me inna the big pool because ah did kick wey them water polo practice ball.

We used to romp rough when me was a boy.

The First Robots

WHEN ME WAS A BOY – LIKKLE BOY – dem did have two bus that used to robot all over Kingston. One did name Annie Laurie an the other Star. Now in them days a penny bus fare could carry yuh from anywey to anywhich part. Same like tramcar, but the only thing, the tram could only go certain place because them run pon line. So all them other place where tram doan run the bus them use to robot. Whenever anyone a the two a dem reach down town terminus – which was Tower Street between Oliver Place and King Street – dependin' on where the majority of the passenger dem want to go das where dem gone. If is Vineyard Pen or Rollington Pen or Poun' Road side, dem gone. Sometimes dem would even tek up two set in one trip.

Dem days when dem sey 'Bus full', it mean that all the man dem a stan up an all the women dem a siddung. Some people use to cause confusion because dem did 'ave dem preferences. Some like Annie Laurie better and some like Star. Me cyaan quite.remember which was which but me know me did like the one that did 'ave in the pretty plait cane seat them till one day ah see a chink – y'nuh know, a bed bug – inna one a them. Me an that thing neva 'gree from when me was a boy. Anywey the chink deh, him wi find me.

The most embarrassin' thing is fi siddung inna the classroom and yuh hear them start giggle backa yuh an somebody sey, 'Lawd, look a bed bug pon him collar'. So after a while when me 'ave to tek that bus me use to stan up, whether seat is there or not. An is that nearly mek car go fi lick me down one day. Y'see them use to call mi 'Little Big Man' because them did think that is because is manners me did have why me want stan up an mek the women dem get fi siddung. Them didn' know is bug me 'fraid fah.

Well, one day me tek the bus to go to Franklin Town – das where me did live at the time. Upper York

133

Street, Number 12. Is a tenament yard now ah think. Anyhow them bus them day had one door at the side up front and the other door was at the back, the real back. The passage did run from the front, side a the driver, straight down the bus to the middle a the back, with two long seat facin' each other by the back door. It did use to feel nice fi ride pon the back step y'see. Likkle as me wus after me climb up pon the seat and draw the cord fi ring the bus – dem days we never call fi 'One Stop', yuh jus ring the bell – me walk down to the back door an stan up pon the step.

'Yuh goin' to hop off, likkle big man?' Me! My heart in my mout' aready stannin' up pon the step an lookin' at the asphalt running from under the bus in a blur. When the bus stop, little big man me step off an start to walk 'cross the road to the other side without even peepin' round the back of the bus to see if anything was comin'. See ya, when ah hear the brakes draw an ah look to mi left an see the car down pon mi ah jump ten foot in the air. Ah frighten till ah nearly dead.

Ah learn something that day. Come off up at the front door and wait till the bus drive off before yuh try cross the street. That lesson stay with me ever since that day when me was a boy.

When Towns Were Pens

W~HEN ME WAS A BOY~ – ~LIKKLE BOY~ – everything was simple and straightforward. 'Long Mountain Road' did name so because it did long and it did run longside the mountains all the way. 'Pound Road' did name so because it was the road that yuh tek to go to the Animal Pound. Victoria Park used to be in the middle of Kingston and May Pen buryin' grung was the dead centre. Cross Roads meant what it seh and Constant Spring Road led yuh somewhere, even though the spring did dry up aready, and Hope Road was the same. Follow it and yuh cyaan miss the Gardens. And Rockfort Road took yuh to the Fort and Garden.

But when ah start to grow now and had occasion to trampoose all 'bout the place go to this or that Granny, or this or that Auntie, things start to get complex. Like how come 'Woodford' was a 'Park'? Campbell, Allman, Franklin, Rae and August, were 'Towns' while all the others where people live were 'Pens'. Yuh had Admiral, Jones, Rollington, Trench, Vineyard and Tinsen. All Pens! Then to mek matters worse Greenwich was a 'Farm'! Now when me was a boy goin' to school and was in exercise book yuh use to use either 'common' or 'fountain' pen. The only other pens me did use to was fowl and pig, which everybody had at least one of. When me was a boy yuh yard not sayin' nutt'n unless it have in either duck pond, pidgin coop, fowl an hog pen. And everybody did have rabbit or guinea pig. If yuh live uptown yuh likely to have all of them.

Is not till me turn big and read 'bout the history of Kingston and learn that it was just one big cane piece in the days when sugar was king, an that all those little towns and pens was real real pens fe true – cattle pens – that me get to understan'. For in them days readin' book and history book an geography book didn' have in anything 'bout Jamaica. Only 'bout England. Is not till me nearly ready to go to secondary school that *Gleaner* start to print *Jamaica Geography* for school.

Then all on a sudden it seemed to be, backra start to tell people that them not goin' live in Pens no more and from now on everywhere goin' to be Towns and Village or Heights or Parks or Gardens. At firs' it did kina hard fi get use to the new names, them did sound funny. And wi did have some young comedians that use to poke fun at everything topical so it wasn' long before yuh would be sharin' in the number one joke about the place, 'Ah want to write a letter, lend me yuh Fountain Town.'

It was then that things begin to change from when me was a boy.

Horse Bus

WHEN ME WAS A BOY – LIKKLE BOY – growing a healthy vegetable or beautiful flowers garden wasn' nutt'n diffi-cult. If yuh 'ave a likkle yard at home all yuh haffi do is dig up a portion a it an plant what yuh want. There was no water restriction an when it come to fertilisa yuh jus step outah street an widout walkin' too far from yuh gate yuh can scrape up as much rich horse manure as yuh need.

In dem days everyt'ing was drawn by the horse an mule. KSAC use to sport some huge, han'some mule royal drawin' the rubbish cyart dem. Yuh had two kina rubbish cart.The one wit' de two big wheel wid the iron tyre – that one use to paint a kine a rus' brown – an the larger green one wit' the four wheel, two big one at de back an two small one in front. The likkle cyart had one mule an the big one had two.

When yuh see them animal haulin' a loaded cyart covah over wid the green trapaalin at full speed awn the road like is nutt'n, yuh better look outa the way. Put beside them mule that draw bread cyart an dray an dem look like elephant. Them time all over Kingston yuh could fine some iron trough full wid water. That was fe the beas'-of-burden dem fi quench dem thirs'.

The one that still stan out in my memory was by the cotton tree at Sout' Wes' Parade. That is where the buggy dem use to park. The Chinese section of downtown was them regular customers. A buggy ride at night go all up to Cross Roads was whole a sixpence, five cents, so is not everybody can afford fi tek dem. But the ride did sweet y'see. Smoode an quiet for them did 'ave rubber pon fi dem wheel. The seat them was real leather an the horse that draw them was well look after. Them doan walk, them trot.

Now me never did get a chance fi ride inside a de buggy. But undernea't! Y'see between the axle an body proper was the spring them – that give it the smoode ride – an we boy use to hole awn to the spring at the back an hop awn to the axle an stoop down so the driver cyaan see yuh through the likkle back window.

Now if my father know dat I outa street an hop horse bus him woulda kill me. That sorta thing is only fi ragamuffin an street arab. But the fun was too much to resist. There was a game that we boys use to play call 'Lick a back'. Whenever yuh see a buggy glidin' along an it already have one or two boys ketchin' a ride yuh sey, 'Lick a back!' The driver will then flash the whip roun the buggy an nine time outa ten him wi hit bull's eye.

Me did get a whip lash one or two time when me was a boy.

Gas Lamp Pony

WHEN ME WAS A BOY – LIKKLE BOY – we all had duties to do, big an small, boy an girl. Firs' thing a mornin after yuh done wash yuh face a the pipeside an clean yuh teet' wid the chew stick, yuh set to work doin' what yuh have to do before yuh go to school. The boys look after the pets – whether it be rabbit, guinea pig, duck, pidgin or fowl – the girl help to empty the overnight po an catch water in the goblet an wash out the basin after the adults finish wash up an mek the bed. Sweepin' the yard an tekkin' up the rubbish use to split between girl an boy. Is always a fuss 'bout whose turn to sweep an whose turn to tek up.

In them days the likkler ones would bade or wash up in the foot pan an leave the bathroom free fe them bigga ones. Even if the family big there is never nuh run jostlin' fi the bathroom or toilet. Yuh tek yuh turn in order of importance an that mean the bigga ones firs'. House never use to build wid bathroom an toilet in the main buildin'. Hnuh hnuh. Mostly the kitchen, the pantry, the bathroom – that is, the shower – an the toilet was ajoinin one another in a separate buildin' attach on to the house that yuh could get to without get wet in the rain. To have toilet an bathroom inside the house was not nice. Not sanitary.

When weekend come – that's Saturday – is complete house cleanin'. That time the boys them get wey. Off to bud bush, seaside an gone race board horse inna the gutta water or, dependin' on the season, fly kite or climb mango tree.

Now there is one thing that any girl is boun' to get beatin' fah, an that is if she doan clean the lampshade dem till dem shine nor trim the wick dem. For some reason parents use to feel that a young girl who cyaan do those tings properly will turn out to no good. There use to be a lamp in the drawin' room – the one with the double shade – if that one have any spot inna it, especially if stranger was there when it light, woe betide whoever shoulda clean it. Only very few house did have electric light. Everyone use to sport them 'Home-Sweet-Home' kerosene lamp in the other parts a the house, but in the drawin' room! Is dey yuh fi si pretty lamp!

Outa street yuh doan have nuh electric light neither. Street light was gas lamp. Gas like wey yuh use fi cook wid nowadays. Down by where Seprod is now, near Railway, was gas works. Coal use to come from England an down there them would extrack the gas from it and store it in tanks. Then pipes use to run undergroun', like telephone cable now, carrying the gas to the street lamp them. Each lamp had two or four mantles. The more the mantle the brighter the light. Today street light turn on by reyostat or something such. Them days is a man with a long stick with a hook at one end who use to walk roun an pull the likkle chain inside the lamp shade to turn it on in the night an off in the mornin.

We use to call him the 'Gas Lamp Pony' when me was a boy.

Nuff Respec'

When me was a boy – likkle bigger boy – growin' up had a certain style, a pattern an nuh matter what else happen yuh know yuh have to stick to that pattern an abide by the rules that govern it. For example, yuh doan turn adult until yuh're twenty-one years of age nuh care how much money yuh or yuh people have. After yuh move from a penny – half fare – pon bus to tuppence – full fare – yuh clothes style change.

Yuh get 'button front' pants wid back pocket an fob – that's a small pocket in yuh pants on the right side in the front up by the wais' line an is about two inches at the openin', jus enough fi yuh get in yuh thumb an firs' finger; yuh keep small change in that. If yuh boasie enough fi have a fob watch, well then that is where it belong. Them days nuhbady nah sport wris' watch too tough. Yuh start to wear han'kerchief in yuh back pocket an carry wallet in yuh side pocket.

Certain things yuh wouldn' find pon a boy chile. Chain roun him neck an ring pon him finger? You mussi mad! As to zip! Yuh think yuh coulda go outa street wid zip pon yuh pants front an a call it 'fly'? You woulda fly go inside so fas'. . . all them things was fi girls. Press-stud, hook an eye, zip an certain kine a button belong pon woman clothes! All this time yuh still inna short pants an yuh doan reach underpants yet. Yuh now becomin' a 'young man'.

If yuh feel like, an mos' a wi did feel like, yuh coulda tief a smoke outa street but doan bodda mek nuhbady big ketch yuh wid none inna yuh pocket or smell it pon yuh breat' or dog nyam yuh supper. An another t'ing, yuh doan offer cigarette to girls. Jus like how man doan wear zip, young woman not suppose to smoke. Later on when them get ageable though, yuh see the woman them a sell fish wid the cigarette inna them mout' wid the part wey light turn inside or later still yuh si them a puff pon a white chalk pipe turn upside down. Woman did contrary even them times.

Now everybody did know bad wud – except judge inna court house that is. Mos' a them was foreign an all a them was man. Y'didn' have nuh woman judge them times. 'Indecent language' as them did call 'bad wud' a courthouse, was a serious offence an could cost yuh up to thirty shillin' a piece, so although yuh coulda pop few 'bluelight' in the privacy of yuh own frien' them, yuh never use none if girls aroun' an if a adult pon spot well, whether in joke or vexation, yuh keep it to y'self. Any adult that hear a young man pop a bad wud in public, especially with women present, had the right to admonish the user an demand an apology an them would get it too.

Not because yuh can dress off inna yuh uncle cast off 'big man' shirt an shoes sometimes yuh think yuh can fly pas' yuh nes' an go awn any kinda way outa street an get wey wid it. For everybody did know everybody fambily an the wors' thing is when – as them used to sey – 'yuh smell y'self' an go awn rude outa street an somebody that know yuh parents, grandparents or auntie go tell them an yuh get a tearin' right out inna the same street in front a everybody. That tek long fi live down. Shame face mek nuff pickney run wey.

No, boy pickney an gal pickney did bad in wi own way but wi use to know where, when an how to go awn wid wi badness.

Them days wi use to have respec' not only fi wi 'elders' an the law but mos' of all fi wiself an fi one annada when me was a boy.

Style an' Fashion – at the Seaside

WHEN ME WAS A BOY – LIKKLE BIGGER BOY – goin' to the seaside never provided the same kinda sights like what yuh see today. In the firs' place when yuh talk 'bout woman 'two-piece' bath suit is cap an bath suit yuh mean. Two piece top an bottam that leave midriff expose was not even in the minds of designers. After all them couldn' mad! That woulda stay inna the store – an pon the shelf too, not even inna the show window.

No husban' nah mek him wife wear it, no father wouldn' 'low him daughter to wear it an any single woman who woulda wear it woulda get a bad reputation! In fac' when bath suit wid shoulder strap in place a sleeve come een nuff eyebrow did raise far up into forrid. Women use to have awn more at the beach than plenty wear outa street now, an man use to think that the woman dem did a flash it. Man did have awn more when im in im 'bath trunks' them times than the today footballer inna im shorts.

The most popular beaches in Kingston pon a Sunday mornin was Barnet's and Sigarney – which was side an side one annada down the bottom a Sea Breeze Avenue – an Bournemouth Gardens down Ocean View Avenue. People never use to start go as far as Copacabana, Palm Beach, Cable Hut an Wicky Wacky yet because them place did far an it was mostly bicycle an bus. The sand on them beach did brown. Mussi only fishaman did know that wi did have white sand beach near Kingston.

Y'know what wi never have neitha? Sun tan lotion. People use to mek up them own wid coconut or olive oil an lime juice mix up wid a likkle rose water fi give it scent. Man use to wear him shoes an socks go beach nuh sandal or slippers for women have awn them silk stockin'.

Then all on a sudden things start to change. Y'see, we in Jamaica always was in the lates' fashion but wi fashion did come straight from Englan'. Then war go bruck out an, in America, Hollywood – the throne room in the film kingdom – start mek the kinda picture fi tek people mind offa what was goin' awn on the battlefields. Mostly pretty musical wid plenty long leg chorus girls inna short shorts, an the shock of shocks, bath suits that come in two piece wid part a the mid-section expose. Well that was it! The bath cap never go wid the new settin's so that start a new thing at the seaside. Women start to go to sea more but bathe less. As y'know hair straightenin' an sea water is not the bes' companions so nuff time new two-piece bath suit go back home without touch sea water.

Then now, encourage by the movies, women frock start give way to trousers fe casual wear an is deh the trouble start. Yuh begin to see who have knock knee an who have bandy leg. Likkle after, while man pants knee measurement a get bigger an the cuff smaller the women them trousers start to get tighter an tighter till a thing name 'drain pipe' come een.

For those of us who did think that things did gone from bad to worse – fi the better – did have a surprise in store when a thing name 'pedal-pusher' hit the street. Along wid that come a sorta T-shirt blouse. While man was hidin' themself in 'zoot suit' – big knee, small foot an long jacket wid plenty paddin' inna the shoulder an small-wais' effec' – woman was doin' them bes' fi show off them frame.

The two-piece bath suit begin to use less an less material an show more an more people till things reach the stage that a Sunday at the seaside was mostly to see the sights rather than to sight the sea when me was a boy.

The Sab Hair Cut

WHEN ME WAS A BOY – LIKKLE BIGGER BOY – every Saturday durin' school time some a we boys use to raise a likkle day work down King Street as 'wrapper' inna one a the Issa or Hannah store them. From eight to four, an is two shillin' an sixpence you raise. Apart from the money, the job did have perks too. Yuh coulda get things inna the store fi buy at cos' plus ten. That mean the cos' price plus ten per cent mark up. What wi use to do is hide away the thing that yuh wan buy till yuh save up enough. Tek months! But as a likkle boy when yuh can sport two tone 'Church' shoes or certain type a white shirt – Van Heusen or Arrow – or buy certain type a cloth fi mek yuh short pants then yuh livin' big. Plus yuh can pay fi yuh frien' or girl frien' fi go to matinee a Movies.

One Saturday them did have a film up deh name *Thief of Baghdad*, one a them desert adventure, an it did have een a young Indian actor name Sabu. Well sah that little youth start a fashion inna this town that las' for years to come. A hair style call the Sab. Man stop part them hair an grow it high wid the neck back cut square like them ol' time motor car fender. Nuh more short back an sides. The hair use to so nuff roun the back that yuh haffi wear a hankerchief pon yuh' shirt collar fi stop it from grease up roun' the back.

Now is two barber me grow up wid. Mr Marriott pon Maxfield Ave – jus likkle below Rousseau Road – an Mr Thomas down Rosemary Lane. Ah graduate from one to the other. The strange thing is that the two a them did have one foot an the two a them was ace draugh' players. Them so good that them doan play any an everybody. If somebody come fi challenge them him have to play the lesser people firs' an if him look good then him get a beat'n from the champ. Yuh see like how nowadays fireman noted fi domino? Well them days is so barber did bad backa draugh's. Any barber shop yuh

145

go yuh can see a draugh'board in action at the doorway. Is not one or two time me haffi wait till a man get 'six love' before ah can get a 'dock'. Ah still wonder up to now who woulda did beat who if Mr Marriott and Mr Thomas did meet.

Them time the only thing electrical that was in a barber shop was the light – if it did have een any. Every tool was manual, from the number 00 clipper to the safety razor that them sharpen pon the oil stone wid the 1-0-1 machine oil an strap pon the leather fi keep the edge. By the time ah get to Mr Thomas them did stop put the piece a board 'cross the barber chair handle fi ah siddung pon, so ah did grow.

Well sah, ah tell Mr Thomas ah want a 'Sab'. Now Mr Marriott did know my head good for him been trimmin' it from me a likkle boy, so him would know that yuh cyaan use the razor pon the back a my neck for my skin roun deh funny an doan like them things. Mr Thomas didn' know yet an accord'n to 'Sabu' style is razor him accustom to use. When him scrape mi neckback it feel like fire bun mi roun deh. When him done wid mi, if yuh see Sab! Look better than Sabu own. But y'see by the nex day? Some razor bump stan up inna mi neckback like sore. For the nex' two weeks me wear mi shirt collar turn up.

When mi neck get better it was back to Mr Marriott an when everybody else was wearing Sabu hair style, for a long time mine was jus 'Charlie' when me was a boy.

Long Pants and Brassieres

W<small>HEN ME WAS A BOY</small> – <small>LIKKLE BOY</small> – goin' to school, apart from common an safety-pin, hook-an-eye, press-stud and button was the only tings that them use to use fi keep clothes together. Zip neva come een yet. Woman frock back or side had on hook-an-eye or press-stud and man shirt or trousers use button.

Outside of baby clothes, yuh did have three stage of dressin. Fi the girls it was the likkle girl stage, the young miss or young lady stage an the woman stage. From likkle girl to young miss, no brassiere. An from young miss or young lady to woman, no corset. When a girl get fi wear the two a them, brassiere an corset, then she can call herself a woman.

Fi we boys it was likkle boy, big boy an man. Likkle boy have him shirt tail button awn to him pants waist an him pants have a likkle slit in the front near the crotch. Then yuh grow into big boy when yuh wear belt fi keep up yuh pants an yuh pants have button front. When yuh get to man stage, you get underpants an long pants. No care how yuh grow tall, when yuh goin' a school is short pants yuh inna. Yuh tink yuh coulda pass-yuh-place an go wear long pants come a school an yuh is not a teacher? Them girls that outgrow themself an haffi put on bra get permission from teacher firs'.

Them days uniform was white middy blouse an long blue skirt fi girls – well starch an the pleat them sharp like razor – with navy bloomers, from what me could see. One a the things them that use to puzzle me was how them girls use to siddung whole day an when let out time come them skirt pleat still look like it jus a come off a iron board. We boys more or less coulda wear anything but khaki drill was the most popular. The funny thing was that although a didn' have nuh long pants fi wear outa street all mi pyjamas was long pants.

Puss or 'crepe sole' shoes was the joggers of them times. That was mostly fi the girls. 'GB' was fi boys.

That was the same as the crepe sole except that it go up pass yuh ankle like boots. The two type did make outa canvas and rubber an if yuh doan wash an whiten them every Saturday it doan tek them no time fi get stink. One thing 'bout school children them days, nobody never feel nuh way fi go a school without shoes but yuh not seein' no child wit' him bottom outa door. No sah. If the pants or skirt fret wey or tear, it wi patch. It can have as much patch as yuh want but yuh not leavin home with a tear.

When me did get my firs' long pants, with the satin seam down the side an the shell jacket fi go wid it an the patient leather shoes, me couldn' wait fi them carry mi go a photo studio fi tek my picture. That was a day. The photographer give mi a nice juicy red American apple fi pose wid. By the time him fi get from under the black cloth fi show mi how fi hold the apple, it done. Mi eat it off. Me did love apple. By the time the picture tek, ah eat two apple an the one in the picture have a devil of a bite. Them turn the bite part down in my han' middle.

No, yuh couldn' trus me wid fruit when me was a boy.

Women's Work

WHEN ME WAS A BOY – LIKKLE BOY – if somebody was in a position to tell my granny that one day people would be able to do a whole day's ironin' without ketchin up a fire she would tell them that them mad. Ironin' day – Friday – did have certain rituals that did seem wasn' subjec' to change at all.

Firs' of all the whole thing of laundry did have set rules that everybody use to stick to from what me could see. Monday was washin' day. Out come the wooden wash tub, that did look like a big rum barrel cut in two 'cross the middle, the scrubbin' board, the corn stick an the quarter bar a brown soap. After the firs' water, the white things that had to boil get soap up and put in the ten gallan kerosene tin on the wood fire that always ketch up on the same spot in the yard wid the grains of washin' soda in it. Tuesday was 'seconin' which was like Monday but without the use of the cornstick scrubbin'. What to bleach spread out on the bleachin' stones which was a selec' pile of large stones set in a sorta square in the sunnies' part a the yard. In some yard them use to use zinc sheet to bleach them clothes pon because wid the shadow from the fruit trees yuh haffi keep movin' it up an down fi ketch the constant sun. Wednesday is rinsin', bluein' the white things an starchin' day. Thursday everyt'ing leave out to finish dry and Friday mornin is sprinklin' an foldin', gettin ready to start the ironin'.

Now yuh use to have two ways of ironin'. Either wid the 'self-heater' – which was a big hollow iron inside of which yuh ketch up a coal fire, mostly tailor use to use those for steam pressin' – or the ordinary clothes iron. This is a iron that did mek outa pure iron. All the hangle is iron so when it get hot yuh haffi hold it wid a piece a cloth that yuh double up like a kina kotta. The normal coal stove use to hold five or six clothes iron set to res' pon the live coal, the broad base of the iron near

149

the rim of the stove and the narrow front end towards the middle pointin' upwards because that was how the coal fire use to set pirymid fashion style. To tes' if the iron hot enough an ready to deal wid the khaki pants an the white shirt, yuh tek the 'iron holder' cloth an lif' the iron an hold it 'bout three to six inch from yuh face.

Now the firs' thing to do before yuh start to iron is mek sure that the face of the iron clean. So what you do is rub the iron on the groun' in dry dirt. That will wipe off the suet grease that keep in a special can in the kitchen that every self-respectin' ironer will rub on the iron at the end of each ironin' day, while them still warm, to protec', them from rusty, and to mek them 'save face'. When the iron is clean an hot then yuh in business.

Iron board never use to have legs them time. Is jus a board. A broad flat board bout five foot six inches long an pad up an wrap wid some old sheet or calico cloth. Yuh res' each end on the back of two dinin' chair turn outwards.

Seeing and smellin a pile of newly iron, well starch clothes use to mek mi feel proud a my granny when me was a boy.

Miss Cubba

WHEN ME WAS A BOY – LIKKLE BOY – every other likkle boy
me did know did either want to be a engine driver for a
steam train or drive fire brigade. Me wasn' too sure
which one me did want but ah know that ah use to
pretend to be drivin' someting. Ah doan suppose it was
the train engine because my vehicle did have steerin'
wheel.

Y'see my father use to drive im own taxi – a big
green 1931 seven-seater Buick Convertible – an him
was proud a the fac' that him never did have nuh
accident an me was proud a him. Every mornin' my job
was to wash the car, sweep it out an see that water was
in the radiator. I use to give myself a good play play
drivin' practice in that car a mornin time before Daddy
get up. I use to clean everyting pon the car. When I
done wid it, it shine down to the spokes inna the wheel
them. This was my Daddy car an it mus' look the bes'.
Plus dependin' on him mood a mighta raise a money fi
mi savin's pan.

Now in them days, as far as I know, everyting was
quite straightforward an cut an dry. Boys was expected
to do certain things an girls certain other things. Yuh
cross each other path deliberate or by accident while
yuh doin' your things an yuh carry on. Yuh spare time
to admire what the other person doin', boy or girl, an
hope that other people will like what you have to show
them of what you do. I use to love watch somebody do
what them doin' when them doin' it good an know that
them doin' it good. Cabinet maker, mason, bricklayer,
dressmaker, hairdresser or domestic.

Ah goin' tell yuh someting. Watchin' a woman clean
a floor for instance use to fill mi wid nuff satisfaction if
she do it good. Of course dem days everywhere was
wood floor an the only labour savin' appliance was pure
raw energy and know-how. Years of regular weekly
appli-cation of red ochre or boil tree bark leave it with a

deep blood red colour. Equip wid a pan a **bark**, a coconut brush – which was the top part of a dry coconut cut off wid a saw jus before yuh get to the nut – an a piece a beeswax, a woman could transform a dirty wood floor into a red shiny surface that mek yuh doan want to walk pon it wit' anyt'ing but a piece a floor cloth under yuh foot. When she tek the bark cloth an apply the stain, after sweepin' it free of dirt even between the boards, she leave it to dry.

The nex' t'ing is the waxin' of the brush. She heat the brush over the coal stove an then rub the wax hard on it an kneelin down on a nex' piece a dry cloth, she start to shine. The sound of the drum beat of har han' on the brush back an the movement of har body as she push the brush to a 'Johnny Cubba' rhythm is someting to marvel at even for a child.

The 'Johnny Cubba' is suppose to be the invention of what everybody did agree was the best floor cleaner round the place. Miss Cubba. When a floor cleaner have har effort compared to Miss Cubba own an she get praised, is payment enough. Can you imagine how I did frighten when I fine out that Miss Cubba was a man?

Even them time things wasn' so cut an dry when me was a boy.

Refridgeration

WHEN ME WAS A BOY – LIKKLE BOY – in Kingston, there was some things that yuh didn' expec' fi change. A way of life that yuh bawn come see that as far as you was concern was goin' on long before you come an would be goin' on long after yuh gone.

Like beef shop f'r instance. Yuh never buy yuh beef inna the same place wey yuh buy bath soap. No sah, beef sell a beef shop an only beef shop. Beef shop open three days a week, Tuesdays, Thursdays an Saturday, and them days is fresh beef yuh gettin'. Them other days the butcher gone look meat a slaughter house – that was out wes' bottom side a Coronation Market near Railway. Yuh get mutton, pork an beef a beef shop. Tripe an trotters an head yuh get from the lady them that use to specialise in them things an them walk 'bout wid dem likkle cyart a sell. The only other thing that yuh coulda get from beef shop was 'leggins' an that yuh only get Saturday daytime when yuh buy 'soup meat'.

'Leggins' was a couple slice a pumpkin, a plant a skellion, maybe a carrot, sometimes a turnip an a branch a thyme. Them days nobody never sell thyme, yuh use to get it with skellion fi free. That portion a 'leggins' sell fi penny ha'penny an that plus a piece a dry yellow yam an quarter pound a flour is all yuh need fi the beef soup dinner that every household did have pon Saturday.

The reason why beef shop use to only open three days a week was 'refridgeration'. Wi didn' have them things them days. At home if yuh well off yuh have a 'ice box', which did shape like a today two door fridge. Up the top part yuh put een the twenty-five pound a ice that the truck drop a yuh gate an that keep the ice box cool fi a good twenty-four hours if yuh doan chip chip off too much fi put inna drinks. If yuh not so well off then yuh have 'ice pitcher'. That was like a big thermos

153

mek outa tinnin that could hold up to two gallan a water, wid sawdus' as insulation fi keep the cool een an the heat out. Near the bottom it have a likkle pipe cock mek inna the side an on top it have on a cover that yuh can tek off to put een the chip-up ice an water. Penny ice will keep yuh water cool fi the day.

Is because wi didn' have refridgeration them time why wi had to bury wi dead so quick. On the third day! While the person 'travellin' yuh mek sure an order yuh how much hundred pound a ice. As soon as them 'pass on' yuh wrap them in them 'shroud' an put them pon the 'dead board' an pack them wid chip-up ice. Telegram reach where it to reach an the village undertaker come an prepare the body, yuh get the coffin build, yuh hire the hearst, yuh get the church, yuh pay fe the grave an on the third day yuh have the fineral. Anyhow yuh have to wait longer than that things get bad. Nowadays yuh can wait fi weeks till cousin this, Aunt that and Uncle the other can get fi come from Englan', Canada and 'Merica before yuh have buryin' an not a thing wrong.

Yes 'refridgeration' has caused drastic changes since the days when me was a boy.

Suck-Suck

When me was a boy – likkle boy – nobady never use to eat dinner inna restarant. Everybody eat dinner at them yard. Well restaurant did name 'Ice Cream Parlour' and them didn' serve real food only ice cream an cake an patty an malted milk. Them time Chiney restarant didn' start yet. Chiney did belong to shop an laundry. Outside a the ice cream parlour yuh could get something fi eat inna cold supper shop. Pudd'n – cornmeal or potato – dumplin' an flitters, ginger beer, cut cake, grater cake, an fry fish and bread. The fish was sprat.

Now the main reason why yuh couldn' get cook food inna ice cream parlour an restaurant – Chiney or otherwise, didn' dey 'bout – was stove. Yuh didn' have gas stove nor electric range. The bigges' an most efficient stove fi cook pon was what them use to call the 'American' or 'Caledonia Dover' stove. That one could tek all four, five good size pot one time an have space fe something in the oven part as well. But it use to burn wood so once yuh ketch up the fire yuh have fi keep it goin' till yuh ready fi stop cook. Put toppa that there was no cold storage.

Yuh did still have some people who did go out deh an 'try a thing'. F'r instance long before 'fudge an icicle' was the call from the man on the bicycle, a likkle guy did come out wid a thing that him call 'suck-suck'. This was like the icicle yuh mek nowadays in the freezer wid Cool Aid in the plastic bags. Only fi him own did long an did have a stick an was 'bout the size of a hot pepper sauce bottle. Him sell it fi penny.

When him firs' start out people use to tek him fi joke because a the way him use to call out. Something like 'Suck Suck come, penny a suck. Man suck, woman suck, pickney suck, everybody suck. Suck inna house, suck outa door, Suck-Suck come, penny a suck'. Me use to did think that is jus one suck yuh get fi yuh penny. Y'know like yuh pay yuh penny an instead a him gi yuh the something inna yuh han' him hold it an yuh jus suck it one time an yuh money done. When wi get fi fine out how it go fi true him an him suck-suck did get very popular.

An the more popular him get the more outrageous him use to call out. Plenty time him did soun' like him wasn' talkin' 'bout the icicle at all. Some big people did swear that 'police goin' lock him up one a these fine day'. Well Suck-Suck did very well for a while till one day him go too far. Him go sey, 'Suck-Suck come, penny a suck. King suck, Queen suck. . .' That was it. Police lock him up an 'Suck-Suck' was no more.

Jamaica was a British colony then an yuh could a sey anything yuh like outah street but one thing yuh couldn' do was tek libaty wid the King an Queen them days when me was a boy.

The Last Tram Ride

WHEN ME WAS A BOY – LIKKLE BIGGER BOY – them use to did have some man them call 'Park Lawyah'. Them would read the newspaper from front to back to the people them who use to gadder roun them every day fe hear the lates' news. Then argument woulda start 'bout this or that, an them argument couldah go on all day if yuh doan look sharp.

One a the topic them that did cause a whole heap a argument in Victoria Park under the big banyan tree that use to be the John Crow bedroom a night-time was when them decide to tek off the tramcar them offa the line. To them who born come seet an did think that them was always there, an would always be there, the news was something that wi could'n understan'. Them days was Light an Power Company up by Orange Street that is Jamaica Public Service now, who use to run tramcar and is up there them use to park them an do them repairs.

As far as me can remember me never come 'cross nobody in no discussion, from taxi driver to market woman who did want the tram them to come off. Them car to everybody in Kingston an St Andrew was like Air Jamaica now. We did think that it did belong to we. Me did shock because me never si nuh reason fi tek 'them off for them never did look ol' an mash up. As a matter a fac' them was the stronges' thing on the road. Nutt'n stop them an although now an again one mighta slip offah the line them never use to inna accident all the while. Even bicycle man who from time to time use to get him wheel them ketchup inna the tram line an use to bruise up bruise up himself when him drop never did want them tek off the tramcar dem.

Well bwoy when the fateful day come me know me did sad. It was a Thursday. At leas' that was the day that Number 22 South Camp Road one them did stop. Them days me an my cousin dem use to go down to

157

Gleaner Company go wrap *Catholic Opinion* Thursday night time when them come off the press an mail them all over the country an abroad. Raise a good three shillin an sixpence fi the night an that was a big main plus the commission that wi use to get fi sell it Saturday. Penny ha'penny a dozen.

Gleaner Company use to be down on Harbour Street an Princess Street corner an we use to live on Pound Road – that's Maxfield Ave now – so every Thursday evening wi tek the Maxfield Ave bus go down. The terminus was on West Queen Street by Solas Market right 'cross from Hidalgos and Williams two drug store that was beside one annada. At night when wi comin' home wi walk out to King Street bottom by Jubilee Market an tek the South Camp tram to Cross Roads and walk from there awn Retirement Road an Ransford Avenue gully through little Kew Road to wi yard.

That Thursday night – as it was the las' ride an the conducta did know wi – him mek wi get wey wid all kine ah lyges. We ride pon the step, pon the blind side, we all scuffle two bulbs outa the roof light. Them was only good fe souvenirs for them couldn' work at home. The voltage an the socket did different. As it was las' tram, the driver didn' bother to turn roun at Cross Roads but jus head down Slipe Road to the Light an Power terminus.

When ah hop off that night and watch it disappear down past Carib Theatre I was lookin' at the end of a era – when me was a boy.